创意产业
与经济研究
丛书

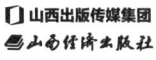

5G时代的文创产业高质量发展

金元浦 著

山西出版传媒集团
山西经济出版社
·太原·

图书在版编目(CIP)数据

5G时代的文创产业高质量发展/金元浦著. -- 太原：山西经济出版社，2025.1
(创意产业与经济研究丛书/金元浦主编)
ISBN 978-7-5577-1266-2

Ⅰ.①5… Ⅱ.①金… Ⅲ.①文化产业－产业发展－研究－中国 Ⅳ.①G124

中国国家版本馆CIP数据核字（2024）第027760号

5G时代的文创产业高质量发展
5G SHIDAI DE WENCHUANG CHANYE GAO ZHILIANG FAZHAN

| 著　　者：金元浦
| 出 版 人：张宝东
| 出版策划：九年有正
| 责任编辑：赵　娜
| 复　　审：吴　迪
| 终　　审：李慧平
| 封面设计：张志奇工作室
| 出 版 者：山西出版传媒集团·山西经济出版社
| 地　　址：太原市建设南路21号
| 邮　　编：030012
| 电　　话：0351-4922133（市场部）
| 　　　　　0351-4922085（总编室）
| E-m a i l：scb@sxjjcb.com（市场部）
| 　　　　　zbs@sxjjcb.com（总编室）
| 经 销 者：山西出版传媒集团·山西经济出版社
| 承 印 者：山西出版传媒集团·山西人民印刷有限责任公司
| 开　　本：880mm×1230mm　1/32
| 印　　张：8.25
| 字　　数：178千字
| 版　　次：2025年1月　第1版
| 印　　次：2025年1月　第1次印刷
| 书　　号：ISBN 978-7-5577-1266-2
| 定　　价：69.00元

就这样，我闯进了文化创意产业

一个人，总有回首的时候，总要回首。30多年持续做一件事，恍惚间，我已年逾七旬。命运就是这样，跟我絮絮叨叨地拉着家常，开着玩笑，转眼就将我的青春和狂悖一起收走了。记得我曾这样写过青藏高原的西部之神：

我以男子日神睿智的思之光/大河惊涛般的狂放，/
浩荡于天地之间
思缕的长风淋漓于/生之蜿蜒/然后，这一段历史，/
便站起来/昂扬如旗/威猛如山，/大气
磅礴于永无涯际的/
时空之域……

我是怀着西部豪迈的诗情踏入学术领域的，进而闯进文化创意产业的天地之间。

一

30多年来，我对文化产业、文化经济、创意产业、创意经济的各个相关领域，进行了一些理论总结、规律研判、实地考察、案例研究，以及趋势前瞻，而我研究的基本思路则是"顶天立地"。所谓顶天，是说文化创意产业必须要有坚实的理论基础，特别是理论创新，有全球和全国的大局观；所谓立地，就是要以强烈的问题意识为导引，实实在在地解决文创发展和演进中的新问题、新困境。通常看来，文化创意产业是个中观的操作型的产业，往往忽视了它是在5G新信息革命背景下，以移动互联网、大数据、人工智能、云计算、物联网、区块链、大视频为手段，以文化、艺术、美学、哲学，乃至金融、经济、政治、社会和生态为内容的未来社会的主导性力量和革命性变革的跨越边界的大重组、大联合。

在我国文化创意产业的发展中，我一直特别关注文化创意产业的高层次理论突破、创新理念的认知革命、顶层设计的全面擘画、全球和全国文创的大局观；同时，关注事件哲学指导下的场景研究和案例研究。我主张必须两向发力：一方面是更高的理论的、逻辑的和价值的战略发展；另一方面就是眼睛向下，面向实际、面向现实中的具体问题，以问题引导产业发展的大局，而不是玩理念的空手道与时间的模仿秀。

在文化创意产业发展中，我特别关注它的两个重要特点。那就是建立在事件哲学基础上的语境化案例与场景化实现。人在历史与社会中的存在，即是"事件"。事件立足于个人生存（生命、生活、交往、劳作、体验）的现实。人的文化活动构成了他的文化事件。每一个文化现象都是一个事件,每一个研究也是一个事件,这种研究是研究者与事件之间双向交互寻找意义的过程。文化创意产业是高度语境化的,即它一定是在现实社会与市场运营之中的,因此,高头讲章与因循守旧,雷同转发与夸夸其谈,都是要不得的。

场景是文创产品的第一要素。什么是场景?早在20世纪80年代,传播学者梅罗维茨就从社会学家戈夫曼的"拟剧理论"中获得研究灵感,提出了"场景"(situation)概念,以此出发研究"媒介场景"对人的行为及心理影响。随着移动互联网时代的到来,"场景"被认为是移动媒体时代的又一核心要素。全球科技领域资深记者罗伯特·斯考伯最先提出了有别于传统媒体时代的"场景概念",其在《即将到来的场景(context)时代:移动、传感、数据和未来隐私》大胆而犀利地预言:"在未来25年,场景时代即将到来。"书中指出,移动设备、社交媒体、大数据、传感器和定位系统是移动互联网的"场景五力"。他认为的内容场景将是每个个体在新语境下获得的前所未有的在场感。但我更关注芝加哥大学的特里·克拉克教授提出的城市研究的新范式——场景理论(The Theory of Scenes),这些年似乎更有影响。创意的空间环境中还必须有创意氛围(Creative Milieu)。英国创意城市经济的著名专家查尔斯·兰德利解释说:创意氛围是一种空间的概念,指的是建筑群、城市的某处,甚至整座城市或区域。像巴黎,像左岸,也像今日北京,像北岸1292……它涵盖了必要的先决条件，足以激发源源不断的创意点子与发明的一切"软""硬"件设施。这类环境是实质的，源于一个城市"有效地在城市的'基因码'中深植创意，并获得显而易见的成功"。兰德利的创意氛围是包含软硬基因码和创意的城市场景。

这样看来，国内所谓的"场景"，其实是三个不同英文单词——situation、context、scenes 的同一汉语翻译。显然，其含义是有差别的。我认为的场景，是当代移动互联网高度发达，在视听觉文化全面建构消费者的消费习惯、消费结构，乃至消费模式的背景下，具有可视、可听、可感的虚拟的空间和环境，人人可享有的线上的视像、语像，并将线上的个体与个体，线上与线下的现实平台相互连接为一体的形态。它对于文化创意产业的发展意义重大。在当下这个视听觉文化发达的移动网络文化时代，没有场景就没有舞台，没有场景就没有故事（内容）可以表达，园区、景点、旅游线路、抖音、快手、视频、VR、AR、MR、3D影像、AI 的展示，无不在场景中运行。当然，更重要的是，没有场景就没有人，没有人也就丧失了其内涵，失去了人之魂。

案例对于文创企业与园区实践，对于文创教学都有着更清晰直观的效果。2013 年我将教学中的文创理论和案例研究编成《娱乐时代——当代中国文化百态》出版，以满足教学的需要。但案例绝不能代替每一个文创项目的创造独特性。原样照搬，必然会走向失败。

事件、场景和案例，三者构成了文创的充分必要条件。

二

常常有人问我："你是怎么进入文化产业—创意产业领域的？"

20世纪80年代，我和许多青年朋友一样，在一个改革开放的大环境中，睁眼看世界。我们面对全世界100多年以来上百种哲学、美学、文艺理论的各种学派、各种观念，急切地选择、引进、翻译、学习，我有幸加入了这一澎湃的大潮之中。在1984年那个"方法论年"的浪涛中，我投入德国法兰克福学派和接受美学、接受理论的译介和学习之中。作为批判理论始作俑者的法兰克福学派，对当代中国青年人文学者产生了重要影响。最初，可以说，我们都是批判学者。

我们一批青年学者因为先前研究美学与文艺理论的变革与转型，以及后现代文化的发展，所以特别关注全球文化研究的蜂起。世纪之交，全球发生了文化转向的重大变革。我们发现阿多诺、霍克海默等的法兰克福批判理论，是站在贵族精英主义的立场上，俯视甚至蔑视大众文化、通俗文化、流行文化。他们虽然多次提到"文化工业"，却仅仅是从意识形态角度批判，从否定的角度忽视了当代文化经济化、经济文化化和文化经济一体化的具体现实，割断了当前世界文化与经济的密切联系。

文化转向理论的提出首先是从全球实践的角度开始的。随着中国日益开放，打开封闭国门融入世界，我们开始从新的全球视野考虑中国问题。从世界来看，21世纪的文学、美学与哲学发生了重大的文化转向，这种变化源于当代社会生活的转型。全球化背景随着进一步的开放日益进入我们生活的中心。电子媒介的兴起向一统天下的纸媒发出强劲的挑战。媒介文化深刻地改变和影响着我们的生活。大众文化走向前台，城市文化快速传播与蔓延，时尚文化被大批量复制，采用了浪潮式的运作方式。视觉图像文化占据人们生活的主要空间，在这样一个文化突变的时代里，视觉文化、网络文化正在逐步改变着世界的交往方式。

在对西方文化转向的考察中，我们着重考察了英国伯明翰文化研究学派和欧美文化研究与文化诗学（文化唯物主义）学派，开始大力推动中国文化研究的发展。20世纪90年代初我主编了《六洲歌头：当代文化批评丛书》《人海诗韵·艺术文化散文丛书》。1998年我和陶东风、史建一起发起做《文化研究》丛刊，我们找到一篇文章，是谈法兰克福学派的衰落的，作者是金迈克。他对法兰克福的文化工业论很不感冒，认为在英国文化研究基础上成长起来的创意产业，已经与法兰克福分道扬镳了。他批评了法兰克福学派的精英主义和意识形态观念，听到了"法兰克福的哀鸣"。《文化研究》丛刊至今已经出版到40多辑了。

随着文化研究的深入，单纯的文化研究已经不能适应新的历史时期各国发展的需要。从文化研究走向文化产业、从传统模式走向创意产业，创意经济就成为发展的必然趋势。看到世界和中国的发展需要，1994年，我进入了具体的文化产业研究之中，撰写了《当代文化矛盾与中西交流论纲》，对当代经济的文化化与文化的经济化的新潮流进行了探索。其后，我参加了《中国文化报》举办的国内第一个文化产业的征文活动，写下的文章《在悖论中开辟文化产业的发展之路》，获得了这次征文唯一的一等奖。1995年，我在《社会科学战线》发表的《文化市场与文化产业的当代发展》一文，较为系统地探讨了我国文化市场与文化产业发展的主要矛盾、解决路径和发展方向。这在全球是站在潮头的。1995年，澳大利亚政府提出了创意澳大利亚的理念，1997年，英国工党政府上台，提出了"创意英国"的理念和国策。美国、欧洲的学者开始了创意经济、文化经济（学）的研究。中国的文化产业便汇入了世界文化创意产业发展的大潮之中。2001年，我主持出版了我国文化创意与文化发展的第一本蓝皮书、国家哲学社会科学"九五"重点项目结项成果：《跨越世纪的文化变革——中国当代文化发展研究报告》，受到中央政治局的关注。这是中国文化产业、创意产业的"历史性出场"。

其实，从文学理论转向文化研究，再从文化研究转到文化产业、创意产业，既是当代社会历史发展的必然，又是一个当代学者顺应全球和中国发展大势的选择。我曾与英国伯明翰学派的第三代学者哈特里有过深入的对话，他就是典型地从文学理论研究到文化研究再到文化产业（创意产业）研究的学术代表，我的学术道路与他十分相似，学术理念也与他相似，即听从时代发展的召唤，站在理论与实践的最前沿。

三

文化创意产业的理论探索与概念辨析、文化产业结构的变化、马克思主义文化生产力是我一直关注的核心。全球创意产业、创意经济的理论成果和实践案例的引进,中国特色文化创意产业理论和实践的创新与发展,从文化创意产业的教学与人才培养到文化产业学、创意产业学、文化经济学、创意经济学、文化政策学、文化管理学、艺术管理学等学科体系的发展、改革与构建,以及课程设置,是我30多年来一以贯之的研究重点。

2001年,我主编的《跨越世纪的文化变革——中国当代文化发展研究报告》,全面论述了世纪之交我国文化发展与文化产业勃兴的历史性变革。后来我进一步关注公园城市、夜间都市、艺术城市等相关论题,并深入各个城市,从事设计、规划、策划、指导和实操等方面的实践。关注产业基地、创意园区、集聚区、数字化网络线上线下一体化发展平台,注重案例研究,注重事件发掘与营销,注重场景设计与核心理念提升。

2004年,我编纂了《文化研究:理论与实践》;2005年,我主编了中国第一套文化产业丛书《当代文化产业论丛》,含《文化巨无霸——当代美国文化产业研究》等5种著作。同年,我与陶东风先生一起主编并出版的英文著作《文化研究在中国》(*Cultural Studies in China*),成为国外了解中国文化研究的开窗之作。

总　序

　　作为国内最早推动和提出创意产业的学者之一，我提出创意产业是文化产业发展到新的更高阶段的产物，具有产业提升的必然性。由此也受到一些人的质疑。我始终坚持认为，这一论断是合乎我国文化产业发展实践的。后来的现实证明，创意产业的理念得到了国内各界广泛的认可。2005年，我接受北京市委宣传部的委托，主持"北京市文化创意产业发展研究"，为北京市文化创意产业的发展出谋划策。

　　我认为，一国文化创意产业的发展程度与该国文化创意的理论建设和理念创新的程度成正比。没有先进的理论，没有富于创新创意的理念支撑，就不可能有一国文化创意产业和创意经济的高度发展。所以，我们必须高度重视文化创意产业的理论创新，并不断保持国际先进水平。唯此，才能始终站在世界文创的前沿。我于2010年和2012年分别出版了《文化创意产业概论》和《动漫创意产业概论》两部国家规划教材。为了更好地让青年研究者增强文化使命感与对文化的理解，我撰写了《文化复兴——传统文化的现代价值》一书，讲述了当下青年学生需要了解的中国传统文化的内涵。

　　文化创意产业中，高科技与文化的高度融合和跨界创新是高质量发展的必由之路。这是文化创意产业发展到新阶段的重要主题和发展方向，对此我给予了高度关注与深入研讨，并产生了一系列理论与实践成果。如何将深厚的文化内涵植入创新型国家战略之中？我认为文化的科技化、科技的文化化，文化与科技的协同发展，是文化创意创业发展的必由之路。我提出，北京文化创意产业必须推动文化与科技双轮驱动的发展战略。

2006年，我主持了北京市科学技术委员会的软科学研究项目"北京文化创意产业的评估与测度及地区比较"，在国内率先研究文化创意产业的分类、评估、测度和指数，提出了建设更为合理的评估指数体系的许多新的考虑。我认为北京的文化产业必须走文化—创意的路径，必须瞄准国际最高发展水平，在高科技数字化基础上实现产业的升级，必须高端起步，数字融合，才能成为北京经济发展的强大引擎。

2010年，我编写的《文化创意产业概论》成为高校迄今仍广泛使用的教材。2011年，作为教育部、文化部高等学校动漫类教材建设专家委员会副主任，我接受了动漫文化创意产业教材编写的任务。其后，我主编的我国第一部大学教材《动漫创意产业概论》出版。

四

城市发展，确切地说是中国的城市化，是我关注文化创意产业的重要主题。

我曾主持国家哲学社会科学"十一五"重大项目"我国中心城市文化创意产业发展与软实力竞争"，关注和研究世界城市、全球城市、创意城市、网络城市，团队成员全心致力于该课题的研究，最后以10部350余万字的系列研究报告圆满结项。我们的研究针对我国文化创意产业发展的现实问题，理论上高瞻远瞩，实践上又从现实的问题出发，因而能够对现实发挥指导作用。这些研究得到了国家领导人、各级政府、业内专家、研究人员和企业家的赞赏和吸纳。

我和我的团队多年来一直关注北京文化创意产业的发展。作为对北京建设全国文化中心的论题长期执着热切的关注者，我们自2010年以来，曾一直参加北京相关论题的研究。2010年，我们完成了"北京建设全国文化中心"的重点项目，并出版《文化北京——北京建设国家文化中心研究丛书》，含《新视野 新征程——北京建设国家文化中心研究总报告》《建造世界精品殿堂——北京建设全国文化精品创作中心研究》《搭建要素配置的最优平台——北京建设文化要素配置中心研究》《跨进全球信息传播时代——北京建设文化信息传播中心研究》《走向世界创意高地——北京建设全国文化创意培育中心》《构筑全球人才高地——北京建设文化人才集聚教育中心》《握手环球文明——北京建设国际文化交流展示中心研究》等7种论著。我们团队20年来一直积极参加北京文化发展、人文奥运、文化创意、文化科技、文化消费、公共文化服务等各项研究，可以说，我们团队是助力北京文化发展的一支攻坚队。

2010年，我主编了第一部北京关于世界城市的大型理论与实践及文献的专著《北京：走向世界城市——北京建设世界城市发展战略研究》，近70万字，为北京建设中国特色的世界城市，提供了丰富的资料、宽广的国际视野和崭新的思路。后来上海、深圳、广州、成都曾先后就这一主题邀请我作为这些城市建设世界城市和发展创意经济的顾问。

多年来，我一直关注各个省（区、市）文化创意产业的发展。云南是我魂魄牵绕之地。2003年，我接受了云南省委副书记丹增同志的邀请，担任云南省文化产业的高级顾问，为云南文化产业发展出谋划策。在调研的基础上，我率先提出，云南的文化旅游产业要在文化云南基础上向创意云南、数字云南、内容云南开发。我在丽江提出了关注旅游线路设计、加强云南本土创意、注重厕所建设等意见。我提出，云南，特别是丽江的文化旅游产业是我国文化产业，特别是西部文化产业发展的一面高扬的旗帜，值得全国相关地区借鉴。

2010年，我主持了"贵州省'十二五'文化产业发展规划"，带领课题组历时3个月，行程7000多千米，跑遍9个地州市。3个多月时间里，我们与有关领导和课题组成员一道，深入基层调查研究，广泛搜集国内外各种资料、各种理论主张、各国经典案例，进行条分缕析，创新融会。终于在2011年完成规划并出版了48万字的《贵州文化产业发展战略研究报告》。

2021年，我的《月印万川——寻找城市文化之魂》一书出版发行。这是我散见的一些论文的结集。佛教华严宗用"月印万川"和"海印三昧""事事无碍"来表达其宗教主体理念，于是"月印万川"就成了华严哲学的经典命题。《华严经》气势宏大、富赡高远、逻辑缜密，被认为是最能代表盛唐气象的哲学，并给其后的宋明理学以深刻的影响。

朱熹借用了佛教"月印万川"的譬喻来讲"理一分殊"的道理。他说："释氏云：'一月普现一切水，一切水月一月摄'。这是那释氏也窥见得这些道理。"（《朱子语类》卷十八）把"一理"比作天上的月亮，而把存在于万物之中的"万理"比作一切水中千千万万个月影，以此形象地说明"理"与万物的关系：理是唯一的，这唯一的理又体现在万物之中，是万物的本质；而万物并不是分割"此一个理"，却是分别地体现完整的一个理。"月印万川"本是佛教中的命题，"一月普现一切水，一切水月一月摄"，具体说是唯一的月映现在一切水中，一切水中映现的月都包括在唯一真正的月中。那个月就是"一理"。

月映万川，心珠独朗。过去时代，我们很多研究者和官员开口闭口就是对过去遗产的"如数家珍"，沉迷于"资源魔咒"而不能自拔。但是一个城市无论有多少历史的、现实的圣典史迹，无论有多少自然的、社会的山水资源，总是千流一源、万法归宗、理一分殊、一以贯之。我们需要去寻找城市的文脉，那个城市唯一的"魂"。

五

国际合作是文化创意产业发展的重要内容和必要途径。

这些年来，我们非常重视与国际机构、国际学者的合作。与联合国教科文组织、联合国贸易和发展会议、全球创意城市网络等国际组织，与英国、美国、加拿大、澳大利亚及欧盟各国，与日本、韩国及东南亚各国的机构及学者进行了广泛的对话与合作。在对话、沟通、交流、交往中，努力构建文化创意产业的理论与实践的公共平台，构建创意经济的发展共同体。交流世界对中国的影响，同时构建中国特色的文化创意产业发展体系，影响世界的创意、创新、创造的最新发展。我与各国众多专家建立了良好的关系，留下了几十篇访谈与对话。我乐此不疲，欣然为之，因为我把它看成文明互鉴，构建人类文明共同体的必由之路。

2005年，中国人民大学与中国社会科学院、澳大利亚昆士兰科技大学同仁一道，共同发起首届中国创意产业国际高峰论坛。作为大会主席之一，我在大会上发表了中国创意产业发展的主旨报告，强调了中国建设一个创新型国家的伟大战略，并将文化创意产业作为这一战略的重要组成部分的新的发展理念，这引起了中外学者对中国创意产业的广泛关注。

创意产业与创意经济，从一开始就是全球化发展的产物。因此，参与国际文化创意产业与创意经济的发展研究，是我和我的团队一直关注的领域。2008年，我与周蔚华共同主编国内第一套《文化创意产业译丛》，其中包含《文化产业》《知本营销》《美国的知识生产与分配》《艺术文化经济学》等7种译著。对打开我国学者文化产业、文化经济、创意产业、创意经济的国际视野，推动国内外比较研究，进而推动中国特色的文化创意产业的理念与实践，发挥了重要作用。2014年我主编了《中国对外文化贸易报告2014》，对我国对外文化贸易的现状、问题、困境，做了深入调研，并提出了进一步发展的解决方式。

将奥林匹克运动与文化创意产业相结合，推动奥林匹克运动全面融入中国社会和中国市场，是我和我的朋友们着意开拓的新领域。2006年，我提出、创办并主持了国内第一个奥运文化创意产业大型国际论坛"创造的多样性：奥林匹克精神与东方文化"。在论坛上发表了《抓住奥运契机推动文化创意产业九大发展》的报告，论坛首次邀请"英国创意产业之父"约翰·霍金斯来到北京，莅临论坛做主旨发言。我提出"世界给我十六天，我还世界五千年"，将体育运动与中国的文化、哲学、艺术、传统、创意、设计、会展、节庆、公共服务、园区建设、绿色革命、生态保护、全民健身，以及产业运营、经济发展融为一体，为北京市提出奥运文化创意产业作为北京创新型城市发展的引擎的战略规划建议，在跨界运行和边界作业中，创造出崭新的文、创、艺、体、旅一体化的新形态。在八年的时间里，我们曾在国内外举办和参与近百场人文奥运论坛，并赴美国、英国、芬兰、加拿大、韩国、日本及瑞士国际奥林匹克委员会，传播北京人文奥运和绿色奥运的中国理念和实践，将奥林匹克的精神与中国传统文化联系起来，将奥林匹克的生命哲学、青年倡议变为中国"生活美学"的大众体育与健身的伟大实践，产生了持久而广泛的影响。这一阶段我主持了北京市哲学社会科学规划重点项目"奥林匹克运动与北京文化创意产业",排除了国内外各种不同意见,根据中国特别是北京发展的现实,第一次将国际奥林匹克精神与中国"和合"文化结合起来;第一次将顾拜旦的奥运理念与孔子儒家文化结合起来;第一次将奥运与文化创意产业结合到一起。为了进一步从理论和实践上探索21世纪的奥林匹克精神新发展,我主持出版了《创意产业:奥运经济与城市发展》和《北京人文奥运研究报告2006》两套丛书,创造性地阐述了奥运、体育运动与文化创意产业的关系。这在当代国际奥林匹克文化中是具有开拓性的。根据北京奥运文化的实践需要,我主持并参与了《奥林匹克文化大学教程》《北京奥运会市民读本》《北京奥运会大学生读本》等,在2008北京奥运会的运行中,这些课本发挥了重要作用。

2016年,我主持翻译了英国学者露丝·陶斯所著的《文化经济学教程》和《文化研究的未来》,以及 *Cultural Studies in China*;在英国伦敦出版的 *Cultural Rejuvenation: The Modern Value of Traditional Culture* 等。这些著作以及一些英文论文,对加强中外文化发展和创意产业交流都具有重要的意义。

随着我国文化市场与文化经济的发展,文化创意产业的最新发展状况与一系列相关伦理问题凸显出来,产业发展中乱象频出,必须进行深入研究。2014年,我申请了国家哲学社会科学重大项目"文化产业伦理"。在文化产业边界不断拓展、业态不断催生的整体背景下，我国文化产业也面临着产业秩序调整与规范、产业伦理重构与形成等问题。我国文化企业在文化产业运营中出现企业社会责任缺失与大量失信问题，如互联网诈骗、虚假广告宣传、不实承诺、新型电子诈骗、电子商务购物诈骗、公民个人信息大量泄露等；传统媒体与新媒体的媒介伦理问题，如媒介人丧失职业操守、新闻传播突破道德底线与窃听手段、网络新媒体上传播谣言、网络信息安全无保障、网络"黑客"、青少年网络游戏沉迷与网瘾、网络"人肉搜索"与频繁而众多的侵犯隐私权等问题；知识产权保护中的问题，如盗版泛滥，过度娱乐化，文化产品内容的极端商业化与劣质化、"三俗"化；产业发展中出现的"涉黄赌毒"问题，以及各路明星偶像的"负能量"对青少年的影响等。这一系列问题被现实抛到我们面前，要求我们认真地回答，提出改正的建议。2020年，该课题完成结项。研究成果见于我主编的"中国文化创意产业发展研究丛书"。丛书含《数字和创意的融会：文化产业的前沿突进与高质量发展》《拓展业态的边界：文化产业的转型升级与跨界融合》《重建秩序的场景：文化产业发展的伦理建构与隐私保护》三部，由工人出版社出版。

很多年前写过一篇评论诗人昌耀的文章，开首一段是这样写的，

多少年来，人在旅途，匆匆，我常侧目于这座诗魂的雕塑，继而长久地驻足——

……用我多汁的注目礼/向着你深湖似的眼窝

倾泻，

直要漫过/岁月久远之后/斜阳的

美丽……

衷心感谢冯威、意娜、王林生、柴冬冬、张力、桑子文等学友，感谢你们为本文集付出的辛劳，衷心感谢山西经济出版社社长张宝东和全体编辑。没有你们的精心工作，没有你们的高度负责，就不可能有这套文集的出版。诚挚地向你们致以崇高的敬意。

再次说一声，谢谢了。

2023 年 6 月 28 日　于北京海淀三灯阁

目 录
CONTENTS

绪　言　新需求、新审美、新动能、新形态 / 001

　一、时代变革，新需求的凸显 / 001

　二、新需求催生审美观的变革 / 005

　三、新动能为新审美赋能 / 007

第一章　创新型国家：科学技术创新与文化艺术创意 / 010

　一、创新是社会发展的不竭动力 / 010

　二、经济全球化时代文化的重新定位 / 013

　三、信息时代文化的价值重估 / 016

　四、国家的文化财富：信息经济时代进一步发展的关键 / 020

　五、文化走向国家发展政策的中心 / 022

第二章　我国文化创意产业发展的三个阶梯与三种模式 / 026

　一、创意产业是文化产业发展的新阶段 / 026

　二、建设创新型国家需要两轮驱动、两翼齐飞 / 028

三、文化创意产业区域发展的三个阶梯与三种模式 / 031

四、文化创意产业内容和形态的三大部类及其发展方略 / 035

五、需求上游化、高档化变革中的运营策略选择 / 039

第三章 我国当前文化创意产业发展的新形态、新趋势与新问题 / 042

一、创新创意成为全球经济与文化实践推进的核心动力 / 042

二、从互联网思维到"互联网+"：从理论思辨到实践运行 / 049

三、创客运动是中国走向原创大国的重大战略 / 052

四、创意推动文化新业态 / 058

五、"文化+"：最根本最长远的历史底蕴 / 062

第四章 从文化产业、创意产业到创意经济 / 065

一、创意成为全球经济与文化实践推进的中心 / 065

二、从文化产业到创意产业 / 067

三、创意经济：一个更为广泛的整体性概念 / 073

四、我国创意经济提出的新需求与新语境 / 076

第五章 创意产业与风险投资 / 080

一、创意产业是当今世界发达国家经济文化发展的重要潮流 / 080

二、创意经济的缘起 / 082

三、创意产业的风险性 / 083

四、创意产业与风险投资 / 086

第六章　互联网思维？科技革命时代的范式变革 / 092

一、互联网思维是第三次工业革命的先导理念 / 093

二、互联网思维是当代高科技与文化创意跨界
　　融合的新创造 / 095

三、互联网思维是科技革命中范式转换的必然成果 / 098

四、思维的变革是更为根本的变革 / 100

第七章　创意新特征："互联网+"时代文化科技创新 / 109

一、新技术：大数据时代的新变革 / 110

二、新环境：人工智能的大推力与智慧城市的大格局 / 114

三、新发展：云计算的崛起与运营 / 119

四、新机制：移动网走向主流 / 121

五、新形态：自媒体迅速崛起 / 123

六、新特色：小、微、新、酷、融 / 124

第八章　数客，大数据时代文化创意经济的先行官 / 128

一、大数据是世界经济政治文化竞争的新焦点 / 128

二、习近平关于大数据产业发展的全面布局 / 132

三、在新一轮大数据竞争中走向全球前列 / 134

四、数客是大数据实践运行的关键要素 / 137

五、我国文创产业要借助大数据战略实现升级换代 / 140

第九章　数字时代的视觉狂欢:论短视频消费的审美逻辑及其困境 / 145

一、审美与技术的媾和:短视频消费与视觉审美范式的新嬗变 / 146

二、技术对审美的绑架:短视频消费的视觉狂欢及其表征 / 152

三、审美对技术的超越:短视频消费的视觉伦理与正义 / 159

第十章　全球竞争下5G技术与中国文化创意产业的融合新变 / 165

一、互联网时代5G技术的全球竞争 / 166

二、中国5G发展正引领全球 / 174

三、5G时代高科技对文化创意产业的数字化支持 / 178

四、5G时代的文化创意产业的数字化发展:直播、短视频、云游戏 / 181

五、5G时代的文化创意产业的数字化发展:数字设计、线上影视、智能旅游 / 186

第十一章　创意经济是5G背景下粤港澳大湾区发展综合融会的头部经济／192

一、创意经济是大湾区综合融会大发展的头部经济／194

二、大湾区以创意经济作为头部经济的"五大战略基础"／201

三、设计构建大湾区创意经济"三大新模态"／209

第十二章　"一带一路"的审美伦理文化蕴涵及其对文化创意产业"走出去"的启示／213

一、"一带一路"的审美伦理文化蕴涵／214

二、文化创意产业是实践"一带一路"审美伦理文化蕴涵的有效载体／219

三、"一带一路"的挑战与文化创意产业"走出去"的审美伦理文化情结／223

四、文化创意产业"走出去",实现"一带一路"的全新发展／227

结　语　走向5G时代的创意经济／233

绪　言　新需求、新审美、新动能、新形态

——走向我国创新创意的新时代

2019年初，网络上出现两个热点：一个是《流浪地球》从初期不被看好到突破46亿元票房完成"逆袭"；另一个是华为5G折叠屏手机Mate X亮相巴塞罗那世界移动通信大会，一时间国内外媒体、社交网站掀起一股"华为热"。

由此可见，我国公民的文化艺术新需求空前爆发，新需求带来了审美观的剧烈变革。而这种巨大变革的动能来自以5G为代表的高科技大力度高强度的赋能。我国文化艺术领域形成了整体发展的新业态与快速变革的新趋势。

一、时代变革，新需求的凸显

党的十九大提出了当前我国社会的主要矛盾已转变为人民日益增长的美好生活需要和不平衡不充分的发展之间的矛盾。2018年，我国消费对经济增长的贡献率已达76.2%，恩格尔系数降至28.4%，人民群众在小康生活水平的基础上，产生了一系列新的

更高的需求。其中，人们对精神的、文化的、心理的、艺术的、文学的、美学的和娱乐的、旅游的、休闲的、养生的新需求，有了大幅度爆发性增长，包括城市的公共艺术、新家居设计、在线流行音乐等均发生了巨大变化。个体的自美自拍自秀自媒的身体美学，直接参与式的嘻哈、尬舞等各种街头艺术，广场舞和数以万计的各类合唱团，让我们看到大众狂欢的炽盛和新需求的强大能量。

《中国诗词大会》上外卖小哥雷海为有如雨中桃李报春还，在2018年第三季比赛中一路过关斩将，击败群雄，获得了总冠军。他争分夺秒地看书、背诗文的情形，使我们备受鼓舞，也倍感振奋。《中国诗词大会》带动了全民学习诗词的热潮，来自各行各业的人们，比如快递员、银行职员、民警、工科博士……他们大多从事着与文学无关的职业，然而，对中国古典诗词的钟爱，是他们内心深处的渴望，代表了我们这个时代中华民族精神境界的升华。

我们从来没有在如此广阔的范围和多样的层次上普及并满足人们对文化、文学、艺术的需求，这甚至是超越唐诗宋词时代的大众普及性文化盛宴。从小学生对《三字经》和《论语》的普及性阅读背诵，到数以亿万计的网络小说阅读，彰显了中国传统文化的勃勃生机，标志着新时代文明的辉煌。新时代对非物质文化遗产的保护、发掘及生产性开发成果卓著，昆曲、京剧、唐卡等一大批人类文化的瑰宝，得到了前所未有的关注、热爱、学习与传承。以故宫为代表的博物馆文物艺术，在中国大地绽开满园鲜花。故宫以高科技制作的《清明上河图》2.0版本，展现了科技时代数字人文的奇妙图景；故宫彩妆的热销也表明了今日传统与青年时尚的无间融合；《我在故宫修文物》《国家宝藏》的热播，把无数小学生、中学生、大学生引进了博物馆；而故宫1万多种创意衍生品带来的15亿元人民币的收入则让世界为之惊叹；春节的高科技灯会，让我们"90后"再次走进了春节之夜的故宫，观赏五光十色的梦想。设计界突出的新设计观，正日益成为创新创意的核心，已渗透到人们生活的方方面面。从新城市美学的天际线到民宿设计的家居——或简约，或复古的创新，都彰显了我们时代审美的革命性变迁。

审美大踏步地进入了日常生活。它从个体对身体的审美化、服饰的风格化、城市空间的设计化，扩展到文化实践领域。艺术活动场所已变为城市广场、购物中心、超级市场、街心花园，艺术直接休闲化与日常生活化了。在这些场所中，艺术活动、审美活动、商业活动共展并存，交错进行，互惠互利。人民群众对更高层次美好生活的新需求以多样化的形态呈现出来。

普遍的大众审美诉求的社会化，是新需求在适宜新的文化生态环境下葳蕤生长的合理结果。

毋庸讳言，每一种需求的产生，都与彼时彼地的经济基础、政治制度、国家战略方针、文化环境和艺术氛围密切相关。中华民族在新的历史阶段对传统审美观的再度"唤醒"，表明中华民族告别了"阶级斗争为纲"和"砸烂封资修"的时代，获得了思想和精神的解放。只有这样，才有可能爆发出无穷的审美能量。优秀传统文化中包含着中华民族"最深沉的精神追求""最深厚的文化软实力"，可以凝聚和打造强大的中国精神和中国力量。2017年，中共中央办公厅、国务院办公厅印发的《关于实施中华优秀传统文化传承发展工程的意见》做出了清晰完善的顶层设计和国家战略，这些正是中国产生新需求的现实条件。

我国当前的审美需求是我国民族文化心理结构中审美要素被强力唤醒的结果。从审美心理学来看，在经过了"文化大革命"的美学灭绝和改革开放初期的民俗文化野蛮生长之后，我国民族审美文化心理结构通过反思实现了"亢奋性突变"，即不再满足于低端的、丑陋的、扭曲人性的低俗趣味，而是向往高尚的、审美的、更富格调的、更具艺术魅力的多元化美学。它可以是古典的，也可以是时尚的；它可以是国际的，也可以是区域的；它可以是传统的，也可以是高科技的。这一切都是以创新、创意、创造为根本动力，并推动美和艺术的全面变革。新的艺术、新的美学，唤醒了一个民族长久被压抑的审美欲望。在这一唤醒过程中，我们民族懂得欣赏艺术美，形式美的眼睛和能够欣赏音乐美的耳朵获得了新生。新的眼睛，新的耳朵，则推起了一个民族文艺复兴的新浪潮。

《中国诗词大会》《经典咏流传》等节目所带来的全民吟诵的高涨热情正是这种内在需求得到满足的最好证明，也是吸引、提振和培育新需求的魅力所在。

二、新需求催生审美观的变革

新的精神文化需求带来了百年来巨大的审美观的变革。

"文变染乎世情，兴废系乎时序。"在经历了改革开放以来的市场化、大众化、世俗化、碎片化，以及急功近利的表层叙事，无方向感的焦虑的历史阶段之后，新的审美文化受到了新时期一轮又一轮的否定。从极力追求西化到对传统文化艺术的敬仰、传承，从追求浅层次搞笑到追求中华意境乃至对人生境界的追寻与营造，曾经占据舞台中央的粗制滥造的小品时代式微，多样化的文艺新创造如雨后春笋，百花齐放的新景观款款开启。芭蕾舞、交响乐等高雅艺术登堂入室，时代培育了一批又一批懂得欣赏形式美的眼睛和欣赏音乐美的耳朵。

那么，为什么传统审美文化的复兴要从古典诗词开始呢？

中国是人类文明史上最伟大的诗的国度之一。中国古代文学特别是诗词，是中国古代文化辉煌时代产生的无法企及也不可再造的世界文化瑰宝。它经历了长达三千余年的发展历程，并在中国传统文化中居于极为重要的地位；它是中国文化典籍中最丰富、影响最深远的，也是最具生命力的成果，集中体现着传承和弘扬中国文化的基本精神与历史走向。以意境为主形态的中国诗词的意义与运作机制，是中国诗文化的内在精神，具有东方艺术精神的某种全息性，也是中国古代文学理论和文学批评关注的核心论题。从中国文论的发展来看，深邃高远的东方意境，首先表现为文本层次上言与意、实与虚、显与隐、形与神的矛盾对立，是感性的起端、虚实的转换、含蓄的寓意。其次，相对于接受者的审美感觉，它呈现为对兴会的引导，对体味的召唤，对顿悟的期待和对形象的营造。中国古代诗歌形成了以意境为主形态的古典审美，展现了艺术的审美本质，体现了中国诗文化独特的艺术把握方式。它是中国人特有的诗化民族的根脉，是从《诗经》、楚辞到唐诗、宋词传承数千年，潜隐于血液中的文化基因。

中国社会的巨大变革，文化环境的重新构建，国民内在精神审美需求的满足，公民素质提升带来的巨大需求，共同催生了传统审美文化的"重出江湖"，也可以说是"王者归来"。

这是一个十分剧烈的文化审美的转向。我们看到，2017—2018年全民热观的《战狼2》《红海行动》和《人民的名义》，彰显了时代正剧的回归，而2019年春节期间的《流浪地球》将中国影视艺术的眼光从向后看的宫廷历史剧第一次大力度地转向未来。戏说历史剧一花独放的情形正在被现实主义、时尚文化、未来形态的科幻景观剧等多元正剧替代。崇高再次成为新时代的审美主旋律，宏伟、壮美、高尚的美学范畴再度兴起。它们与优美、静雅和时尚、流行等审美趣味一起构成审美多样化、多层次的中国文化新景观。在新的语境下，传统的美学原则经过创造性的否定之否定，重新成为人们关注的重心。国家责任、文化使命、艺术探索，先锋观照等一系列深度模式正在复归。创新、创意、崇尚灵韵的中国传统美学原则再度高扬。多样化的中国美学文化的新格局已然迎来历史性的出场。这是一场中国文化艺术的新的否定之否定，展现了我国审美文化的新转向和国民审美趣味的新选择。在与世界不同文明的互鉴中，中国正在创造新的传奇。

新审美观的核心是对创新、创意、创造的主导观念的认可、聚焦、探寻与丰富的实践化运行。

影响了几十个城市的北京创意大赛，一直就是以创新、创意、创业的"三创"作为其发展的核心理念的。党的十八大以来，党中央提出的创新、协调、绿色、开放、共享的新发展理念，居于首位的核心理念"创新"在文艺领域中已然开始认真实践。

三、新动能为新审美赋能

在全球规模最大的工业展之一的德国汉诺威工业博览会上，中国华为公司的展台格外引人注目——一个机器人捧着一个载有小球的方形盘子，为了保持球不滚落，机器人需要实现非常稳定精确的联网操控，其背后正是第五代移动通信技术（5G）的支持。

以数字化、网络化、智能化为特征的信息技术革命正在蓬勃兴起，新一代信息技术与传统领域的相互融合与发展已成大势，其中，5G通信技术是未来信息技术革命最大的风口之一。调查机构预测显示：到2025年，5G网络将在全球111个国家和地区实现商用，其中，中国的5G覆盖率将达到25％，并与美国、日本一起成为全球前三的5G大国。届时，包括中国、美国、日本和欧洲在内的四个经济体将占据全球70%的5G市场，拥有9亿多名用户。

随着中国5G相关技术研发和基础设施建设的持续推进，中国5G已经开始走向商用，成为当代世界信息化发展的领跑者之一。5G已成为推动互联网相关行业创新发展的动力。5G支持数字化、人工智能、云服务、移动传输、物联网等功能展现了其巨大的张力：5G与工业、交通、农业等垂直行业广泛、深度融合，也将对社会文化、新文学、新艺术、新媒体、文化创意等产业产生重大影响，将催生更多创新应用及新业态。

5G能够提供高速率、低时延、可靠安全的增强型移动宽带服务。其峰值理论传输速度可达每秒数十GB，比4G网络的传输速度快数百倍，更为形象的描述是，在5G环境下，1秒之内可下载完成一部超高清电影。

5G带来的高科技极大地促进人类审美文化文艺提高到新层次、新视野与新境界。在5G网络环境下，4K与8K超高清视频直播、虚拟现实、增强现实以及裸眼3D等高速率应用将得以顺畅实现。无疑，高科技将成为新审美时代源源不断的新动能，新动能将不断为新审美赋能。

5G对文化创意产业和全球创意经济有着更为巨大的影响。文化创意产业与全球创意经济是发达国家经济发展的支柱产业。在当下文化产业升级换代的激烈变革中，我国5G基础上的数字文化创意产业已经成为国家经济发展的主导产业、先锋产业、领军产业和支柱产业。在数字中国的伟大战略中，文化创意产业将与旅游、科技、生态等高度融合，敲开全国相关城市、乡村的"芝麻之门"。

机器人与中华诗词大会上脱颖而出的青年才俊进行的诗词比拼节目，引起了全国人民的关注。然而有趣的是，陈更这位研发机器人的工科博士，和其他中华诗词比拼中的骁将们在与机器人的对垒中竟然失败了，这引起了人们深长的思虑。在数字化发展中，以创新为核心的人文精神，以价值观引领的伦理观照，仍然是我们未来发展关注的重心。数字人文将为新技术树立一个不能逾越的标杆。

由高科技加持的审美文化新业态将打开我国文化艺术发展的新局面。它代表着科技与文化文艺的高度融合，代表着许多更新的文艺类型即将诞生，代表着这些审美文化的新类型日益走向我们的生活。

第一章　创新型国家：科学技术创新与文化艺术创意

当前在我国蓬勃兴起的文化创意产业是建设创新型国家的重要组成部分。国家创新体系不仅包括科技创新，也包括文化创新。文化与科技好比车之两轮，鸟之双翼，是当下中国飞速发展的动力源泉。而文化的科技化和科技的文化化，则是21世纪文化科技融合无间的新形态、新表征。

一、创新是社会发展的不竭动力

当代文化创意产业是在全球化的消费社会的背景中发展起来的，推崇创新和个人创造力，强调文化艺术对经济的支持与推动的新兴的理念、思潮和经济实践。

创新的关键是知识和信息的生产、传播、使用。在美国著名经济史及思想家熊彼特1911年出版的经典著作《经济发展理论》中，熊彼特摒弃了传统经济学理论，提出由创新引发的动力失衡，而不是人们通常所认为的经济发展中的均衡与最优化，才是经济发展的标准以及经济理论和实践的中心实体。在他逝世40

多年后，其当年率先创用的"创造性破坏""创新""企业家精神"三个关键词，已成了美国，甚至全球主流经济论述中的重要核心概念，被麦肯锡顾问公司的两位经济学家发扬光大，写成著作《创造性破坏：市场攻击者与长青企业的竞争》，对观察当代企业流变具有十分重要的意义。

熊彼特提出的创造性破坏或创意破坏性技术是指那些能够让更多人享受到这种技术所带来的好处，而破坏了既有技术的根基的技术。例如，电话的产生就是一个创意破坏性技术，它破坏了原有的电报技术。许多的大公司常常是基于理性的经营方式来决定自己的产品政策，这样那些在短期之内经不起考验的产品就不会得到推广，创意破坏性技术就难以产生。但是实践表明，创意破坏性技术能够为公司赢得市场，而对创意破坏性技术的搁置往往造成既有市场的丧失。

美国著名管理学家彼得·德鲁克极力推崇创新精神，他认为"创新"是一个相关经济和社会的术语。在经济与社会领域，变革是永恒的。他指出："每一种实践都是以理论为基础，即使实践者自己从未意识到这一点。……在社会中，特别在经济活动中，主要任务是做一些与众不同的事情，而不能按部就班，仅仅对已经做过的事做得更好些。"[1]实际上，在社会发展的常规时期，尤其是在传统社会中，创新的需求似乎不是十分强烈，但在

---

[1] 彼得·F.德鲁克：《创新与创业精神》，张炜译，上海人民出版社，2002，第31页。

当代世界剧烈变化的新时期，特别是在中国社会发展的转型期，创新的意义就强烈地凸显出来了。观念创新、制度创新、机制创新、文化创新都成为社会发展的迫切需求。

德鲁克给出两种关于创新的定义。一种是借鉴经典理论家J.B.赛定义创业精神的方法来定义："创新是改变资源的产出。"另一种是按照现代经济学的方式用需求术语而不是供应术语来定义："创新就是改变来自资源而且被消费者所获取的价值与满足。"[①]德鲁克认为，两种定义可以适用不同的对象。但在我们看来，可以明确的是，当代世界正是创新开发了一系列过去时代从未有过的资源，如数字网络技术给世界创造了巨大资源，它赋予资源一种能力，使之成为当代社会财富增殖的源泉；同时，创新也正是在满足消费者日益增长的、被不断开发出来的需求——新需求的过程中实现的。比如，以数字网络技术开发的数字电影、数字电视、数字摄影、动漫、网络游戏、数字音乐乃至QQ、手机短信、短视频，都是在满足消费需求的过程中高速发展的。

1986年，著名经济学家罗默撰文指出，新创意会衍生出无穷的新产品、新市场和创造财富的新机会，所以新创意才是推动一国经济成长的原动力。但明确提出将创意产业理念作为一种国家产业政策和战略的是英国创意产业特别工作小组。1997年5月，英国首相布莱尔为振兴英国经济，提议并推动成立了创意产业特

[①] 彼得·F.德鲁克：《创新与创业精神》，张炜译，上海人民出版社，2002，第40页。

别工作小组。这个小组于1998年和2001年两次发布研究报告,分析英国创意产业的现状并提出发展战略;1998年,英国创意产业特别工作小组首次对创意产业进行了界定,即"源自个人创意、技巧及才华,通过知识产权的开发和运用,具有创造财富和就业潜力的行业"。根据这个定义,英国将广告、建筑、艺术和文物交易、工艺品、设计、电影、音乐、表演艺术、出版、软件、电视广播等行业确认为创意产业。

与创新、创意关系最为密切的就是创意者的知识产权。知识产权和知识产权保护是创意产业得以发展的必要前提和充分条件。发达国家着力于知识产权保护,这种保护首先保证了创意者的利益,推动了创意者阶层(群体)的形成,维护了产业发展的市场环境;同时保证了国家对外文化贸易的利益,包括直接的经济利益和长远的文化利益。我国发展文化创意产业也必须建立在创新创意的知识产权基础之上。文化创意产业发展的关键是创意群体,特别是最富创造性的高端创意人才。创意者的基本权益得到尊重和保障,就会形成创新创意的市场环境和普遍的社会氛围,吸引和推动创意人才不断地成长,并且通过在全社会推动创造性发展,促进社会创新创意机制的改革创新。

二、经济全球化时代文化的重新定位

过去的经济学家在分析工业化国家的经济发展时,很少考虑文化的重要作用。主要的经济学流派所建构的增长模式,只考虑经济上的要素,只有经济上的参数。后来,国际上许多专家学者如泰勒(2000)论证了经济学今后应当研究战后经济学理论的一些缺陷,特别是过于依赖那种把社会、心理因素排除在外的理性数学模型的现象,而必须关注文化对经济的充分影响。马克·卡森指出:"经济学在探讨文化方面已有相当进展。就在几年前,经济学家基本上主张文化对经济表现没什么影响;价格才是主要的影响——在看得到的市场中是实质价格,在看不见的市场中是影子价格。直至今天,经济学家才承认文化的重要性,但主张说,有些东西是经济学不能或不应去解释的。"他认为这种失败主义的论调是没有根据的,而且经济学是可以分析文化对经济表现的影响的,并可将此影响加以量化。

那么文化究竟怎样影响经济呢?有的从社会整体的宏观视野着眼,有的则从企业文化等具体实践出发。著名文化经济学家大卫·索罗斯比认为,文化影响经济结果的方式主要有三种。其一,文化会影响经济效率。借由增进群体共有价值的方式,使群体成员得以进行经济的生产程序。如果这些文化价值有助于更有效地决策、更快速及多样化地创新,以及使行为更能随机应变,那么群体的经济生产力最后将会产生更好的财务结果(以公司为例),或更高的成长率(以整体经济为例)。其二,文化会影响公平。如通过不断灌输像关怀他人这样的共有道德原则之方式,由此建立使关怀得以表达的机制。如果为了后代着想的道德责任能被大家接受为一种文化价值的话,那么在社会为一整体的情况下,我们从跨代平等里即可看到文化在这方面的重要性。一般而言,文化对公平的影响会呈现在群体的资源配置决策上,如此,其成员可取得公平的结果。其三,文化会影响甚至决定群体欲追求的经济或社会目标。在小群体的层次上,以个别厂商为例,照顾员工即关心其工作环境或许是该公司的文化之一,而这些价值可能会对公司获利或其他经济目标造成不利影响。一方面,在整体社会的层次上,文化价值有可能与追求物质进步完全一致,并借此判定一个社会的总体经济成果为成功或失败;另一方面,有些社会的文化并非只追求物质成长,而是追求非物质目标,如生活品质,如此将会影响经济成长的步调与方向。在此情况下,界定"成功"与"失败"的准则就会与前面的例子不同。[1]

索罗斯比从宏观与微观、不同文化观念对经济的"正""反"影响来探讨文化对经济的影响。马克·卡森则主要从比较具体的文化对企业的影响来进行探索:他试图找出影响公司之间关系——如合作或者竞争关系的文化因素,以及公司内部关系——企业文化、企业的组织行为对经济效益长期和短期的影响。

其实,不同的文化理念、不同的企业文化设定,在文化要素对经济效应影响的评定中起着重要作用。同一种影响,有的可能做正面评价,有的则可能做负面评价;有的一心追求当下效益,有的则考虑长远的可持续发展和远期效益。

---

[1] 大卫·索罗斯比:《文化经济学》,台北典藏艺术家庭股份有限公司,2003,第77页。

工业革命以来，甚至是第二次世界大战后的经济学一直坚持认为，关于创意理念和文化产品的经济学现象与用于矿业、冶金、农产品或大众消费产品的经济学现象是大致相似的，一般都用相同的理论来加以解释。实际上，与汽车、牙膏、家用电器或纺织品不同，信息产品的消费并不会使产品耗尽，也不会使其价值递减。相反，每一个信息产品都能被很多人重复使用，并且会随着使用的增多而变得更具价值。一件如轿车、冰箱或计算机之类的工业产品会因使用中的损耗而贬值，而某种信息或文化艺术产品恰恰会有完全相反的结果。一部电影、一本书、一个电视节目、一款游戏或一种软件产品的使用人数越多，越受人们的欢迎，其价值就越会成比例地增加。这就是自商业出版开始兴起，电影和电视节目、当代流行音乐艺术等视听产品大量面市后的实际情况。但这种对文化产品独特性质的相关评价在过去公共政策的制定和研究中基本上得不到肯定。

三、信息时代文化的价值重估

当然，不仅是对经济学，在21世纪这个由媒介革命造就的信息时代，需要对原有的种种文化观念重新进行价值评估。信息革命和全球因特网已经对我们所处时代的经济方式、制度架构、意识形态乃至生活方式产生了重大影响。过去我们对它的理解只停留在论述信息的用途和功能的层次上，但现实的发展变化要求我们对它所介入的经济、社会、政治，特别是文化等因素以及可能产生的巨大变革进行分析、思考、整合，从而看到它面临的现实问题、困境与未来发展的趋势。

首先，我们必须对过去时代认识文化的角度进行重新审视。从世界范围来看，现代科技的发展尤其是数字技术与互联网、信息技术、传播技术、自动化技术和激光技术等高科技广泛运用于各类文化艺术活动之中，给当代文化经济与文化产业的存在方式带来了革命性的影响，在文化领域掀起了新科技革命的高潮，已经导致新兴文化形态的崛起和传统文化形态的更新。文化领域内部发生了行业内的大调整、大改组，新的艺术传播媒介如卫星电视及网络文化的发展，使得电影这类昔日文化艺术界的"龙头老大"风光不再，转而成为电视业、音像业和网游业的补充，而网络文化则为人类创造了数字化生存的新方式。

文化产品的可重复使用性所带来的增值服务在全球因特网技术与环境推动下掀起了迅猛的浪潮。近年来，由于引入了能够促进理念传播的基层网络，工业经济学与信息经济学的分歧已经变得十分严重。信息经济学在使用中调节创意理念的价值这种固有倾向，随着剧院网、连锁书店和有线电视等媒介的普及而一直在稳步提升。但有了互联网之后，就有可能用视听、文本或数据等在网络空间上以数码方式来设计传播知识，以创意理念的形式来发展全世界数以百万、千万计的受众。现在，一种创意传播形式的经济价值若以指数来表示，可以上升到一个各国经济史上前所未有的高度。这主要是因为，当一个联网的信息系统使理念和文化产品形式的价值上浮时，会造成对某一种表现形式的需求进一步增加并由此推动某种特定产品呈爆炸性传播的形式。

网络空间信息的多重杠杆功能针对文化的经济含义做出一种与传统经济学全然不同的解释。传统的"文化事业"视角将文化的范畴限制在一种既定的、继承的、累积的艺术实体，或美学形式、符号意义体系、文化活动上。对于任何一种文化来说，保护遗产固然重要，然而更重要的是，这种文化在今天是否还具有发展和创新的能力。在当今信息社会，通过经济和社会来营造一种创意性发展的环境已经成为各国的重要任务。今天，一种富有生命力的文化必须鼓励全社会各阶层和团体积极参与理念创新、发明、创造，实现动态发展，以使文化在历史中得以生存和延续。只有在这种动态发展的语境中，遗产和传统才具有真正的意义。

曼纽尔·卡斯特在《网络社会的崛起》中指出："信息化经济的独特之处，在于它转变为以信息科技为基础的技术范式，使得成熟工业经济所潜藏的生产力得以彻底发挥。新技术范式首先改变了工业经济的范围，动态创造了全球经济。"[1]曼纽尔·卡斯特认为，信息技术的新范式有五个重要特点，这些特点全面影响了我们所处的社会形态。第一，信息便是其原料。过去时代，信息是用来处理技术的，今天，技术主要是用来处理信息的，信息才是我们的资源和待运用的材料。第二，新技术的效果无处不

---

[1] 曼纽尔·卡斯特：《网络社会的崛起》，夏铸九 等译，社会科学文献出版社，2003，第83页。

在。信息是所有人类活动的一部分,个人与集体存在的所有过程都直接受到新技术媒介的"塑造"。第三,指涉全部使用这些新技术的系统或关系的"网络化逻辑"。网络的形态适应了当代交流中日趋复杂的互动,以及源自这种互动的创造性力量。第四,信息技术范式富于弹性,具有重新构造的能力。信息技术经过重新排列组成方式,其过程可以逆转,其组织与制度也可以修正,甚至可以彻底改变。这在一个以组织不断变化与流动为特征的社会里是一种决定性的特性。第五,特定的技术逐渐聚合为高度整合的系统。原先各自区别的旧技术的轨迹,在新系统中已经相互融合了。[1]信息技术的这些特点塑造了一个日新月异的网络社会,也确定和影响了时代文化的生产、运行和传播。

当然,创意产业并非只有互联网、信息科技、生物基因等高科技,更重要的是运用高科技发展文化内容产业。比如韩国和日本运用发达的网络技术,发展出几百家为消费者提供各类软件、音乐、游戏下载的内容提供商,他们的财富是"脑力风暴"的成果。并且,他们运用高科技带动了经营模式与管理方式的创新,进一步发挥了人力资源的潜能,进而满足、适应并翻新了市场需求。从新的理念出发,以创意作为卖点,加之新的行销模式,创造新的消费方式,就是成功的创意产业。北欧的宜家家居公司将桌椅橱柜做得风生水起,绝对不是依靠那些木头的气息,"改变

---

[1] 曼纽尔·卡斯特:《网络社会的崛起》,夏铸九 等译,社会科学文献出版社,2003,第83—85页。

生活的创意"才是他们的味道。美国人发现了星巴克的味道，其实不过是他们在满足客户需求方面依照创新理念做了新的实验。欧洲早已做了更加细致而深入的实践，并且取得了丰厚的商业利益。

四、国家的文化财富：信息经济时代进一步发展的关键

在信息经济的基础上，文化日益被看作全球竞争中各国得以成功的关键。创造新的理念和新形式文化产品的能力越来越成为当今社会的重要价值资源，而过去这种关键的价值资源只能由农业、矿产和制造业等第一产业和第二产业的资产构成。对于文化财富，我们不应再按过去的观念把它看作某种固定不变的、传承的东西，而应把它视为一种衡量某个特定领域全面开展创意活动的知识、精神和发展机制的指针。在各国加入全球信息网络后，对于文化的关注更加聚焦于营造一种相关文化的政策、法律、制度、教育、基础和流通等各个方面的良好氛围，以便改革它的机制，使之在动态的发展中创造新的体制；而不仅像过去计划经济时代单纯地将文化视为事业，由国家实行三包。每个国家所面临的挑战不是为了保护某个已被接受的艺术实体和传统而怎样规定一种环境，而是怎样去开创一种在所有的文艺和科学领域中都掀起创意和革新浪潮的局面。那些无法赢得这种挑战的国家，只能消极被动地跟在那些真正具有活跃的创意能力，并能够对新的创

意形式进行商业开发的国家后面拾人牙慧、亦步亦趋。

在这场关于文化的辩论中，有几个方面的因素是至关重要的。无论在欧洲还是其他地方，那些反对保护文化产业的国家终将发现，反映在媒介和视听内容上的文化冲突并不是美国与法国之间表面化的、高层外交间的高压攻势。与此相反，它与那些形成了信息经济之核心的一整套欧美手中的所谓的"金牌"产业的命运有关。在封建农业和商业经济中，土地、农产品与茶、香料和黄金之类的自然资源构成了财富的基础。特别是黄金，自古以来就是使财富得以跨越文化和国家界限的天然货币。在工业时代，财富的基础转变为其他的矿产资源，如石油，还转变为创建工厂的资本、设备以及用铁、石油和木材等天然原料加工制造的大众产品。对这些资源的控制和为了扩大市场而将其转化为大众产品的手段自从工业革命以来就一直是经济力量的基础。如今，信息社会正在改变这种状况。财富和力量的来源，即信息经济这种"金牌"产业，是一种不同类型的资本：各种信息在网络上以不同形式进行组合和分销知识与创意理念。它创造了更为先进的生产力，因此获得更多的财富。因此，每个国家获利的多寡便取决于一个国家连续创造文化产品内容及其传播文化产品新形式的能力，这就是全球兴起内容产业和眼球经济的内在动因。为此各国需要对整个经济体系改造或调整，使之升级换代；并且必须进行创意人力资本的投资，而不仅限于对配套设施和硬件进行投资。

鉴于此，每一个想要发展新媒体制品和文化产品的国家，都需要拥有生机勃勃的和多样化的视听产业、出版产业、知识产业，以及一个非常活跃的艺术创意阶层。谁拥有创意资本，谁就能在竞争中获得上风。那些着手且有效地避免文化产业出现衰退的国家与那些轻易地放弃努力的国家相比，就会占据优势地位。他们参与国际上文化制作和分销的竞争，努力进入正在形成的国际文化产业多样化发展格局，并努力使本国的创意产业实现全球传播。但中国在这场竞争中，还只是刚刚挤入的新人。

无疑，因特网已经从根本上对各种文化形式（包括视听产品）的分销和消费产生了革命性影响。文化和信息产业已经达成了共识，否则它们就不会在这场变革中积极地为自己定位。与此同时，新兴的信息产业正在重新发现传统文化产业部门的重要性，例如印刷出版和电影业，因为它们构成了各种在线文化产品形式的创意基础和生命线。简言之，一个国家如果没有一支由作家、设计家、影视编剧、剧作家、画家、音乐家、电影制作人、导演、演员、舞蹈家等艺术家和网络工程师、科学家、技术人员等广大媒体知识分子组成的生机勃勃的创意产业人力大军，就不会拥有打赢这场信息经济战争的知识库，也就只能被其他国家左右命运了。

五、文化走向国家发展政策的中心

文化创意的理念已经越来越多地作为资本出现于当代社会现

实中，这种认识改变了传统的资本理念，将文化引向了国家发展政策的中心。在全球化的网络时代，经济和社会的中心问题将越来越关注怎样激励革新，怎样将一个具有独创性的文化创意理念转变为文化生产力，转变为可持续发展的经济实践。这就对各国各级政府提出了理念认识、政策制定、总体策划和具体部署等不同层面的要求。政府需要对文化、科技、网络等进行高层次的全面改革和整合。

（1）文化创意的经济价值提高了文化的资产评估价值，增加了创意理念与创意形式的社会影响力，也对文化创意的传播方式与传播途径提出了更高的要求。这是公共政策面临的一个新的挑战，它要求人们建立一个能够周密地进行平衡的信息与革新的产权体系，以便创作者和开发者能够因创意理念或版权的制作及其产业化、商品化而得到回报。这一回报意味着国家的财富能够收回，更重要的是，创意者能够因创意的才能而得到报偿。它影响一个行业的稳定、延续和发展。得不到回报的产业与行业必然走向败亡。那么，如何保护呢？这一切依赖于公共领域的进一步扩大、展开和升级。如果没有广阔的公共领域，就无法生成更多的新知识，就会因此限制人们参与创意理念的制作和分销的积极性，而且会无情地阻碍整个经济的革新。这充分说明，一个善于正确地平衡"公平使用"文化产品产权的国家，在创意理念的发展过程中，往往会出现一些意想不到也无法预料的高潮，这能使它在信息社会竞争中占据优势地位。

（2）创意企业的财政基础，例如资本市场，也必须通过政策转移到支持多样化和非制度化的轨道上来。在创意经济体制中，比如说企业家为投资创意理念而申请的小额贷款，对于贷方和借方来说都意味着较低的风险，而且可以考虑进行实验及推广。银行贷款、在公共股票市场上筹集的资金，以及支持创意发展的风险资本基金，只能惠及小部分企业，而小额贷款却可以给大多数企业提供资金，来支持它们在创意体制中创造新的理念和表现形式。

（3）创造性劳动者（佛罗里达称之为"创意阶层"）对于城市和地区的活力以及国家经济的健康发展是至关重要的。一个鼓励人们积极投身创意的国家所面临的首要挑战，就是它需要围绕着知识的传播重新调整对待创意的总体政策。由于文化和创意资源在经济活动中日趋重要，每个国家都会将注意力转移到教育体系上来。现代社会之所以需要教育，不是为了像过去工业经济时代那样来培养一支标准化的劳动大军，而是为了给创意经济培养一支高度知识化的人才队伍。毋庸讳言，工业时代以来的大多数教育，特别是高等教育，都是在培养整齐划一的"标准件"，标准件最缺乏的就是自主的创新意识和天才的创意能力。中国过去的群体主义教育常常仇视天才、泯灭天才、不容天才——不管是天才，还是平庸之人偶尔的天才闪念。

为什么过去我们的教育培养的都是"标准件"？生产力水平使然，需求使然。因为过去只要具备了基本的读写能力，再加上模仿学习，就足以应付流水装配线、车间或桌面办公系统终端的指令。但如果今天仍然这样，就根本无法达到当今创意社会的要求。只有基础教育是远远不够的，所以我们需要在教育过程的早期阶段就开始培养跨学科的独立思考能力和创意能力，并且要从学前教育一直延续到研究生院。在各国都开始将教育质量与基于创意资本的经济体制联系在一起时，就会出现一场旨在增加课堂知识含金量以及重塑艺术、人文和理科之间知识衔接关系的国际性竞赛。这些高级的融会能力将会培养和提升劳动者独立的判断力，将科学知识、技术培训、学术、批判思想、艺术与理科等学科知识结合起来，努力提升劳动者的创意能力与想象能力，培养出一个有文化艺术修养、高科学技术、软件操作能力，同时具备企业管理和商业营销复合能力的新型人才。

将信息社会的文化和创意问题与文化产品的制作、分销及开发的政策联系起来，是一种在国内外具有重要意义的方法。信息技术革命已经改变了各种社会关系，并使文化政策成为确保社会坚持创意和革新的前提，这导致了社会结构乃至商业构架的变化。必须调整政策，大力培养劳动者的创造力，以适应现实社会的变化，才能重新获得先进的生产力。这需要从战略的立场来详细说明"文化"的基础性意义，以应对国际和国内日益复杂的文化的、精神的、哲学的、道德的、心理的需求问题。

第二章 我国文化创意产业发展的三个阶梯与三种模式

在全球经济不景气及我国城市化高速发展的环境下，本章就如何推动我国文化创意产业逆势上扬，提出建设创新型国家的两轮驱动与两翼齐飞的基本战略，总结出我国文化创意产业发展的三个阶梯与三种模式，以及文化创意产业内容和形态的三大部类及其发展方略，提出了在当前三次产业大跃升带来的需求上游化、高档化变革中的运营策略选择。本章内容强调，在进入全球化的创意经济大环境之后，我们还要对我国具体国情进行具体分析，寻找发展文化创意产业的"中国特色"与"区域特色"，这是一切判断的基础与出发点。

一、创意产业是文化产业发展的新阶段

文化创意产业是全球经济与文化发展的一个重要潮流。它以发达国家为主体，进而影响到发展中国家的发展趋势。它是当前世界经济的一个重要产业部类，已成为多数发达国家的支柱产业。

那么，文化产业、创意产业、文化创意产业如何定义？在我

看来，文化创意产业是在全球化的条件下，以消费时代人们的精神、文化、娱乐需求为基础的，以高科技的技术手段为支撑的，以网络等新型传播方式为主导的一种新的产业发展的模式。它以文化和经济全面结合为特征，是一种跨行业、跨部门、跨领域重组或者创建的新型产业集群。它是以创意创新为核心，以知识产权为根本，贯穿生产、流通、消费等产业发展全过程的新型产业集群；是向大众提供满足其文化、娱乐、精神、心理方面的需求的一种新兴产业形态。

创意产业是文化产业发展到新阶段的形态，是产业发展到相应阶段的必然产物。它是跨越了行业、国度、地区，突破了部门壁垒、所有制壁垒、地域壁垒、行业壁垒进行重组的一种新的产业形态；是一种有高附加值、高成长性，当然也有高风险的产业。

当前弥漫全球的金融海啸，给我国文化创意产业的发展带来严峻的挑战，也带来发展机遇。首先是全球化的深化带来了全球的本土化。也就是说，全球化最初是从西方发达国家开始的，有一个长期以西方为中心的背景，为了实现西方资本的全球扩张，它就面临发展中国家如何落地、到中国如何落地的问题，这样就出现了全球本土化的问题。比方说麦当劳，在中国的麦当劳可能和美国是不一样的，比如中国的麦当劳建立了儿童乐园，给儿童送礼物，成了一个中档消费的场所。但在美国，麦当劳不需要这些，它就是一个提供低档饮食消费的企业。

随着近年国际格局发生新的变化，在经过了中国文化创意产业的发展和北京的奥运会之后，一个新的理念与实践出现了，那就是本土的文化创意产业借助全球化走向世界的可能与机遇。作为发展中国家的中国，通过改革开放，数字化的传播方式可以走向世界、影响世界，重建文化中国的国际形象。这就说明过去在西方中心看来属于边缘地带、第三世界的发展中国家，可以通过现代的传播方式，通过本土的努力走向全球。北京奥运会给我们提供了本土全球化的历史性转变的案例，这可能是某些西方全球化倡导者们始料未及的。

当前形势下发展文化创意产业，我们也不能忘记当下的机遇，即全球大竞争时代的城市化浪潮。这是一个全球大城市之间互相竞争的时代。世界范围、亚洲范围的文化之间的竞争和较量，构成了一个新世纪发展的全球态势。可以说，当今成功的城市一定是有文化的城市。面对城市之间的大竞争，面对中国有史以来最为剧烈的城市化变革，如果没有文化创意，没有适应新形势的新支柱产业，怎能建立城市的品牌形象？

二、建设创新型国家需要两轮驱动、两翼齐飞

席卷全球的金融危机逼迫我们对我国经济的可持续发展重新思考。从总体来看，目前整个中国正处在重要的转型时期。未来15年是我国极为关键的15年，在这期间我们将建设一个创新型国家，这就需要进行经济结构的调整、增长方式的转变，提高国家的竞争力，由中国制造走向一个中国创造的新时代。从理论和

实践两个层面讲，我国文化创意产业在世界金融危机下的逆势上扬具有一定的必然性和必要性。它是我国进行经济结构调整、产业升级换代的推进剂；是改变单一要素驱动模式，优化产业结构的必然选择；是发掘内需，实现内生型增长的必要途径；是走向低碳经济、循环经济，保持和改善生态环境的现实道路之一；是全面贯彻落实中央科学发展观的现实措施。从某种程度上讲，是新的危机和形势逼迫我们进行产业结构和发展模式的转换升级，否则，很多地方还不敢冒这种转型升级的风险。

建设创新型国家需要两轮驱动、两翼齐飞。所谓两轮驱动：一是要大力推动高新科技的发展，在高新科技的基础上，推动产业结构调整；二是要加上深厚的文化内涵，在历史文化和现代文明的底蕴之上建设创新型国家。而所谓两翼齐飞，则是在文化内容的基础上，让文化创意产业与公共文化服务体系共同发展，共同繁荣。这样的两轮驱动、两翼齐飞才能建设一个创新型城市，乃至一个创新型国家。

在这样一个文化城市与文化软实力发展的基础上，我们必须探讨我国文化创意产业发展的际遇与选择，以及在发展中所面临的问题。

我国当前有20个以上省、自治区、直辖市提出了发展文化创意产业的总体目标。那么我们要问：

第一，发展文化创意产业，你所在的城市和地区处在什么样的发展阶段，是否面临着紧迫的产业调整与转型的问题。如果你的制造业现在仍然很发达，那么是否需要进行调整和转型？

第二，在发展层次上，文化在城市发展的架构中，占据什么样的地位，服务业占据什么样的地位，占据多少比重？

第三，在发展目标上，你是否准备参与到全球或亚洲国际化大都市的竞争中去，或者你只是打算参与城市之间的竞争，比如参与中小城市的竞争，你的发展目标是怎样定位的？

第四，发展区域和环境是什么样的，处在什么样的周边环境中，这个周边环境是否提供了发展文化创意产业必要的条件？

近些年我国发展文化创意产业，取得了很大成绩，但也出现了一些"虚热"的情形。我国一些城市形成了一哄而上的局面，的确上演了很多辉煌的节目，但是它们像烟花一样转瞬即逝。在烟花灿烂之后，我们的文化创意产业仍然徘徊不前，存在着众多大的问题。

1990年，西方著名经济学家波特提出了经济发展四阶段论。这四个阶段分别是要素驱动阶段、投资驱动阶段、创新驱动阶段和财富驱动阶段。要素驱动阶段即经济发展的主要驱动力来自廉价的劳力、土地、矿产等资源；投资驱动阶段即以大规模投资和大规模生产来驱动经济发展；创新驱动阶段即以技术创新作为经济发展的主要驱动力；财富驱动阶段即追求人的个性的全面发展，追求文学艺术、体育保健、休闲旅游等生活享受，财富成为经济发展的新的主动力。

从以上可以看出，所谓创新驱动阶段，就是以知识产业为经济主产业，以知识创新和高科技成果为经济发展主动力的阶段，也即今天人们常说的知识经济的阶段。而在知识经济之后的财富驱动阶段，第三产业将进一步分化，其中的文化产业、创意产业、注意力产业、内容产业和休闲娱乐产业将逐步上升为经济中的支柱产业。

中国是一个发展很不平衡的国家，各省市处于不同层次的发展阶段。处在不同的阶段，文化创意产业发展的目标和投资策略都是不一样的。

三、文化创意产业区域发展的三个阶梯与三种模式

近年来，一些学者运用胡焕庸线来探讨我国文化创意产业的发展。胡惠林提出，"这一人口地理分布的'胡焕庸结构'是中国经济发展的国土空间依据，也是今天中国文化产业国土空间结构的主要存在形态，即中国94%以上的文化产业分布和集中在中国东部43%的土地上，而只有不到6%（甚至更少）的文化产业分布和集中在57%的国土上，其文化产业空间布局悬殊之大世所罕见"。[1]胡焕庸线[2]指从黑龙江省瑷珲到云南省腾冲，大致为倾斜45°的直线。线东南方以平原、水网、丘陵、喀斯特和丹霞地

---

[1] 胡惠林：《论文化产业的本质》，《山东大学学报》2017年第3期。
[2] 胡焕庸线指胡焕庸教授1935年提出的划分我国人口密度的对比线，最初称"瑷珲—腾冲一线"，（瑷珲1956年改称爱辉，1983年改称黑河市）后因地名变迁，先后改称"爱辉—腾冲一线""黑河—腾冲一线"。在地理学（特别是人口地理学与人文地理学）以及人口学上，具有重大意义。这条线在中国人口地理上起着画龙点睛的作用，一直为国内外人口学者和地理学者所承认和引用，并且被美国俄亥俄州立大学田心源教授称为"胡焕庸线"。

031

貌为主要地理结构，自古以农耕为经济基础；线西北方人口密度极低，是草原、沙漠和雪域高原，自古就是游牧民族的天下。"胡焕庸线"在某种程度上也成为城镇化水平的分割线。这条线东南的各省区市，绝大多数城镇化水平高于全国平均水平；而这条线西北各省区的城镇化率，绝大多数低于全国平均水平。

运用胡焕庸线来探讨我国文化创意产业的发展，有一定的参考意义。但我国经济在改革开放以后发生了天翻地覆的变化，文化创意产业在近20年更是从无到有，从有到日益强大，进入了全球瞩目的新局面。我国文化体制的全面改革，国家西部战略的成功实施，中部城市群的迅猛崛起，都很难以1935年提出的胡焕庸线来简单解释。

笔者认为，从宏观整体实践来看，我国文化创意产业的发展有三个阶梯与三种模式。

第一阶梯是东部发达地区，以三大城市圈为主的珠三角、长三角、环渤海。北京、上海、深圳、广州、杭州等东部发达地区的城市构成了文化创意产业的第一梯队。

第二阶梯是中部的发展中地区，即以武汉、郑州、长沙、太原、沈阳、合肥、长春、哈尔滨等构成的中部文化创意产业发展地区。原属于西部的成都、重庆和西安则随着国家政策的调整（重庆成为直辖市，成都、西安成为国家中心城市）进入第二阶梯。

第三阶梯是西部欠发达地区，以云南昆明、青海西宁、新疆乌鲁木齐、内蒙古呼和浩特、广西南宁、贵州贵阳、甘肃兰州等城市为主，构成了我国文化创意产业发展的第三梯队。

东部发达地区是我国文化创意产业的先导部队和发展主体，是实现中国创造、进军国际的主力。北京、上海、广州、深圳的人均国内生产总值（GDP）超过1.5万美元。从实际的购买力看，这个数据还会更高一些。在这种情况下，它们与发达国家的大城市具有同样的竞争力，应该理所当然地按照国际发展的规律参与国际文化创意产业的发展与全球竞争之中。

除了人均GDP之外，还要看几个指标，其中之一是该城市的服务业达到什么比例。北京的服务业产值占GDP的比重已经达到73%以上，和国际化的大都市，世界发达国家城市已经一致。在这种情况下，发展创意产业是理所当然的。

此外，还必须看恩格尔系数的水平。我国农村的恩格尔系数是40%以上，城市是30%以上。实际上沿海的东部发达地区已经降到了20%左右。文化创意产业是以城市中日益壮大的中产阶层的需求来推动的，在全球化的条件下，它有国内和国际两个消费群体。发展创意产业必须研究国际和国内两个市场。

武汉、郑州、合肥、太原、沈阳、长春以及重庆、成都、西安等第二阶梯城市，将采取交叉发展的模式。一方面，它们必须继续发展制造业，特别是高端制造业，保持我国实体经济在整个国民经济中的份额，同时承接东部地区制造业的转移，如安徽、湖北的一些城市；另一方面，它们必须继续保持中国作为制造业大国、世界制造业中心的重要地位；同时，它们还要发展更加高端的制造业，这就需要依托高科技的技术创新与文化内容创新。比方武汉的光谷有很好的条件，是国内著名高校与创新人才集中的地区，具备了文化创意产业发展的部分条件。但是它和东部发达地区又有所不同，它的GDP总量还没有达到东部那么高。同时，它的服务业产值占比可能还在50%左右。所以，在发展文化创意产业的总态势下，寻找城市自身的特点，创建中部交叉发展的新模式，有着它自身的必要性。

西部是不是不能发展文化创意产业或创意产业呢？在西方，通常认为，创意产业是后工业时代产物，依照这种观点，我国西部就不能发展创意产业。那么，现实是否如此？当然不是。在具有中国特色的文化创意产业发展中，中国西部采取了跨越式的发展模式，除重庆、成都、西安外的西部其他九个省区有着自身的特点，它们有的是民族自治地区，有的是历史文化名城，有的是自然生态基础非常好的地区，它们因为第二产业——工业制造业没有过度发展，所以今天保留了蓝天、绿地、美好的环境和生态奇景。在这种基础上，西部可以采取跨越式发展的模式，面向全国，面向世界，寻找一种新的不同于东部也不同于中部的发展模式。以云南为典型，该地区创造了以旅游为龙头综合发展的跨越式发展模式，给其他西部地区提供了很好的经验；贵阳则是在发展大数据上获得了国家支持，大胆突破，实现了跨越式模式的发展。

我们看到，东部、中部、西部有着不同发展模式，三大模式之间是互相沟通、相辅相成的。我国西部基础产品，需要东部的理念、技术、管理；东部发展快，但也需要西部和中部的市场。我国需要构建合理的多层次文化创意产业架构和错位发展的产业生态平衡系统。不是所有的中国城市都和北京、上海一样，能够到国际上进行一场红海竞争，而且北京、上海、深圳、广州也要有选择地进行错位竞争，构建我国多层次的文化创意产业结构，在错位发展中找到产业的一种生态平衡系统，这是中国特色文化创意产业发展的必由之路。

需要特别强调的是，当今天某个城市确定发展目标和发展战略的时候，一定要看到该城市所处的发展阶段、发展环境、发展区位及其具有的优势和弱势。只要借着全球发展文化创意产业的东风，按照我国每一地区产业发展的实际情况去规划、去经营、去实践、去创新，就一定能够找到最适合的发展路径。

四、文化创意产业内容和形态的三大部类及其发展方略

前已述及，创意产业是文化产业发展到新阶段的形态，是产业发展到相应阶段的必然产物。有些人对此缺乏明确的认识，长期囿于部门壁垒的束缚，无视世界文化创意产业发展的潮流和新业态，无视我国创意产业发展的现实，极力排斥"创意"概念。

从总体上看，我国文化创意产业在内容和形态上可以分为三大部类：传统文化产业、常态文化创意产业和创意产业新业态。

所谓传统文化产业，主要是依据传统文化资源如传统历史自然文物，以及物质和非物质文化遗产形成的产业群体，如文化旅游业、文艺演出业、工艺品纪念品产业等；所谓常态文化创意产业，包含广播、电影、电视、新闻出版、节庆与会展产业、文化艺术、画廊和艺术拍卖业、休闲娱乐产业、体育与户外运动产业等；所谓创意产业新业态，包含网络文化、新媒体、动漫、网游、创意设计产业、直播、视频等。三大产业部类各具特色，又相互交叉、相互支持、相辅相成、融合发展。

传统文化产业的发展依赖传统资源。传统文化产业是我国后发地区文化产业发展的主要方式，具有本土性、初级性和鲜明的区域特色，是推动中西部产业发展的引擎和突破口，是实现西部文化产业跨越式发展的关键。目前，我国西部大多数城市主要选择这种模式发展文化产业，取得了一定的成效。传统文化产业发展中要解决好物质与非物质文化遗产保护和文化产业发展的关系、公共文化服务体系（文化事业）与文化产业的关系。既要看到它们之间的不同——物质与非物质文化遗产保护主要依靠公共财政支持，而文化产业是在市场经济中寻求发展；又要看到一部分物质与非物质文化遗产通过现代转换可以成为文化产业发展的重要组成部分。因此，二者在差异中的融合也就具有重要现实性。

深化文化与旅游的结合，把文化有机地融入旅游产品的开发制作、经营管理和旅游服务之中，用无形开发有形、有形承载无形，提高旅游产品的文化含量和市场竞争力，丰富旅游的文化内涵。把发展旅游业与文化开发保护结合起来，找准亮点和卖点，变文化产品为旅游产品，把丰富的民族民间文化变为充满商机的产业，使文化软实力与经济硬实力融为一体，以增强文化保护的内在动力和外在张力，形成文化与旅游互促的良性互动。

但从全国来看，一些地区为争夺历史名人墓地、故居，甚至连"孙悟空故里"这类无可考证的"资源"都出现非理性炒作，这就需要我们谨慎对待。我国是一个历史文化十分悠久的国度，全国所有大中城市都能找到和发掘出丰富的传统资源。但资源具有不同等级、不同影响力、不同传承性，以及与当代现实有不同关系。同样拥有资源，拥有世界级、国家级资源，与拥有三等、四等资源，价值完全不同；同样拥有资源，选择已有广泛影响力和传播力的资源，与选择以往很少或很难传播的同样层次的城市、人物、作品的资源，效应显然不同。在英国，哈利·波特甚至比狄更斯更有商业价值、时代价值和全球影响力。曾经一篇小学课文《桂林山水歌》的影响力超过今天中央电视台的一则广西的广告。为什么桂林是广西最著名的城市？因为至少中国所有上过小学的人都必须背诵这篇课文。它优美、明快，充满诗情画意，让每个中国人通过教育的"文化遗传"而融入血液里。某个城市举办了一个"卫夫人文化节"，也请了很多大家前去，但知道卫夫人的普通大众还是很少，难道仅仅因为卫夫人的祖籍在这里，仅仅因为卫夫人是"书圣"王羲之的"老师"？通过创造性将资源转化为生产力是产业发展的关键，尤其是当代新业态，对创意的依赖大大超过对传统资源的依赖。这一点从美国好莱坞拍摄的《花木兰》(动画版之后又有真人版)和《功夫熊猫》就可以很清楚地认识到了。美国虽然没有多少历史文化资源，但它可以自由地向世界各地"借用"，是世界创新创意最发达的国家。所以，创新创意才是这个产业长期发展的核心。

常态文化创意产业，如广播、电影、电视、新闻出版、文化艺术、画廊和艺术拍卖业、体育与户外运动产业等，是构成我国现有文化产业空间布局主体的行业。这类产业人员、技术、设施基础雄厚，规模较大，以国有企业为主体，体制束缚大，积弊较多。通过加快体制机制改革，这类产业有着广阔的发展空间。而且凭借强大的行政、人才和金融资源，可以快速动员，集中财力，向高端产业和先进形态发展。

创意产业新业态，包括网络电视、数字、影视与传播、新媒体、动漫、网游（电竞）与休闲娱乐产业、广告、手机增值业务、创意设计产业等新型的产业群体。这类产业以民营与股份制企业为主，更多地凭借现代高科技，特别是3G、4G时代的数字化技术，以文化创意和技术创新的高度融合为特征，寻找以自主知识产权为根本的产业发展之路。它的核心是"创意为王"，而创意新业态则因社会青年一代更大的消费需求而具有引领未来的广阔前景。

三大产业部类并不是截然分割的。在这个跨越产业边界、学科边界的时代，三大部类你中有我，我中有你，依照不同的发展阶段、发展层次而不断升级。

五、需求上游化、高档化变革中的运营策略选择

在北京文博会的论坛上，我们听到了很多的信息。伦敦研究院的专家告诉我们，从全球来讲，中国创意产业在整个世界格局中，原创占比不超过2.5%。面对这样一个现实，如何选择我国的文化创意产业发展的定位；选择高端，选择中端，还是选择低端；是在文化产业的阶段，还是在创意产业的阶段，或者已经进入内容产业的阶段，抑或进入了眼球经济体验产业这样更高的一些发展阶段中，是值得思考的问题。

当然，原则是社会效益和利润的最大化。要探讨产业下游化运营中区位在哪里，产业一定是从第一产业走向第二产业，再走向第三产业，在服务业中走向更下游的第四产业（高科技知识产业），或者是更高阶段的第五产业：文化创意产业。那么，在产业下游化运营中，城市、地区、公司，处在什么样的区位之中呢？

在需求上游化、高档化的运营之中，人的需求一定是逐步走向上游的，当人均GDP发展到一定程度，国家和国民口袋里有了钱就会消费，消费的逐步高档化趋势是必然的。但在今天金融海啸的形势下，人们都捂紧了钱袋子，启动内需一方面要创造人们喜爱的消费模式，并引导和涵养这一新的消费群体；另一方面要解决阻碍人们放心消费的一些问题，如房产投资、家庭教育投资等问题。

在这一过程中，要判断目标群体是哪一批人，面对的市场需求是哪一批人的精神、文化、娱乐需求。需求有不同层次：有的群体需要洗头、洗脚；有的群体需要大众流行文化；有的群体则需要中国文化、意境，东方韵味，需要更高的精神心理的满足。因此，文化创意产业是分众、分层发展的产业集群。

在发展的战略选择上，渐进式的发展方式、跨越式的发展方式，还有综合化的发展方式是不同的。东部第一梯队无疑应采取与世界发达城市的发展历程相似的渐进式发展模式，西部第三梯队将采取跨越式发展模式，而中部第二梯队则要根据具体情况选择综合式发展的路径。

在发展的策略上，须考虑是选择红海战略还是蓝海战略，还是要投入国际化一流的国际城市的竞争中。比如，北京、上海要代表中国进入国际化城市的竞争当中，是避免不了"红海"的。因此，如果要选择蓝海战略，差异化发展、错位竞争，就要确定"蓝海"是哪一片海。

在整个的发展中，还需要进行另外的策略选择，比如是选择长尾策略还是短尾策略？在过去的发展中，往往是打一枪就跑，已经习惯于做短尾策略或者是捞一把就走的策略。但是今天不同了，在产业发展中，有一个长长的尾巴可以带来无限的可持续发展的利益。今天，我国文化创意产业发展中的问题恰恰是总在采取短尾策略，每次都是绚丽的开场，轰轰烈烈，但这个绚丽的开场就像礼花一样，绚烂之后，文化创意产业什么都没有留下，只落得"一片白茫茫的大地"。在微笑曲线的两端，是利益最大的部分。但并不是所有人都选择了微笑曲线的两端，那么谁选择了中间呢？中端也不失为一种合理的选择，在中国并不是所有地域都要选择利益高端的这一个部分。因为不同的地区有不同的知识基础、人才支撑、发展层次，所以是选择错位竞争，还是选择严酷的竞争，这是需要不同类型的企业、不同类型的地区认真思考的问题。比如要进行数字化技术创新，就必须紧盯国际前沿的最新发展。如果离开了激烈的国际竞争，那么就可能很难达到国际的先进水平。我国中部地区就在现有基础上承接并走向高端制造业，走向人工智能、大数据支撑的文化创意产业。

所以，面对具体的国情，进行具体的分析，寻找我们自己的"中国特色"，而"地区特色"是一切判断的基础与出发点。

第三章　我国当前文化创意产业发展的新形态、新趋势与新问题

当前，我国文化创意产业在经济下行的整体态势中逆势上扬，在"互联网+"的战略实施中成果突出。从文化产业走向文化创意产业，是调整经济结构、通过创意实现产业升级的需要。从互联网思维到"互联网+"，从理论思辨到实践运行，以互联网为代表的高科技与文化的高度融合，打开了创意创新创造的新局面。以塑造原创力为核心的创客运动，呈现出跨界、融合、协同、共享的生机勃勃新形态，推动了网红经济、（虚拟现实）VR、（增强现实）AR等文化创新实验和新业态的诞生，实现了我国文创原创力的跨越式发展。同时也暴露出一系列的新问题。与"互联网+"和创客空间相应的是"文化+"，文化、美学与伦理的缺失，是目前我国文化创意产业发展的重大缺失。

一、创新创意成为全球经济与文化实践推进的核心动力

近年来，"创意"概念进一步发展，与前几年有所不同。当

前的"创意"并没有停留在学理层面、框架设计层面,而是直接进入产业实践层面、行业发展层面,进入更多国家、地区的战略实践层面,进入全球发展的共同机制层面。

创意经济是当前世界文化经济发展的最新趋势之一,创新创意已经成为推进全球经济与文化实践的核心动力。近年来,国际上对于创意产业、创意经济、创意城市、创意生态,已经从理念研究、学术讨论进入一个全球实践的新领域、新阶段。发展创意经济是发达国家可持续发展的重要国策,也是发展中国家和欠发达国家、地区全面发展的重要选项。创意产业、创意经济再次成为全球经济与文化关注的中心。在中国,从文化产业向创意产业、从创意产业向创意经济的扩展与跨越,是打破原有限制与格局、调整经济结构、提升产业形态的重要方式与突破口。

全球各国从文化产业走向创意产业,再走向创意经济,并不只是名词的改变。"认识创意经济,就要了解它由什么构成,以及它如何在发达国家与发展中国家的经济发展中发挥作用。而至关重要的是,要理解'文化产业'与'创意产业'这两种不断演进的概念。"[1]这一演变是产业实践发展不同范围、不同规模、不同层次、不同阶段的形态展现;是产业自身拓展发展空间、进行跨界实践,不断快速演进扩张、升级换代的结果;是从根本上打破原有分布格局,运用创意将文化与科技、文化与各产业领域、

---

[1] 联合国贸发会议(UNCTAD)主编《创意经济报告2010》,中国社会科学院文化研究中心译,三辰影库音像出版社,2011。

文化与经济、文化与金融融合协同和改革创新的成果。

联合国教科文组织作为拥有巨大全球影响力的国际组织,近年来积极发挥着不可替代的作用,"作为当代创意领域内的一个基准点",开创性地提出一系列世界级倡议,高度关注创意产业、创意经济。它在《中期教育战略(2014—2021)》中提出:"创意经济的出现证明了其对国家经济和社会福利的重要性……事实证明,创意经济是一种可行的发展选择。它依赖于把作为原材料的创意变成资产,这往往是小规模地进行,并且在地方一级提供新的就业机会和收入形式,从而为更均衡和更包容的经济增长做出贡献。联合国教科文组织将支持出现拥有活力的文化创意产业和市场。通过这些,它将支持鼓励对发展中国家有艺术和创作潜力的个人和机构进行投资,确保所有人进入并充分参与创意经济。特别是来自发展中国家的中小型文化企业和创造者。"

为推动创意产业和创意经济发展,联合国教科文组织又积极举办"创意城市网络"活动。2013年10月,"创意城市网络"在北京召开峰会,来自全球各城市的政府代表、教育官员、文化艺术界知名人士,在活动期间签署发布了《北京宣言》《北京议程》《北京共识》等重要文件,肯定创意作为可持续发展的支柱是城市可持续发展的关键。来自全球32个城市的代表共同签署的《北京议程》中提到,创意产业作为驱动新经济的催化剂,是目前世界经济中最具活力的增长点之一,也为城市的发展带来新的活力。从城市的角度探索创意与可持续发展的关系,已成为本次峰会推动城市间合作的焦点。为进一步推动北京与世界其他城市在创意、设计、可持续发展等方面的合作,《北京议程》呼吁以科技、文化的创新手段促进城市可持续发展,以城市与创新、创新与创意、创意与设计为主线,强化科技创新与城市发展密不可分的关系。联合国"创意城市网络"项目成立于2004年10月,致力于发挥全球创意产业对经济和社会的推动作用,促进世界各城市在创意产业发展、专业知识培训、知识共享和建立创意产品国际销售渠道等方面的交流合作,目前分为设计、文学、音乐、手工艺与民间艺术、电影、媒体艺术、美食等7个主题。经批准加入该网络的城市被称为"创意城市"。截至2022年,已有德国柏林、英国爱丁堡、法国里昂、美国圣达菲等295个城市加入了该网络。其中我国北京、上海、深圳、杭州、成都等16个城市已加入,并呈现良好的发展态势。

欧盟对创意产业更是情有独钟,曾提出"创意欧洲"发展规划。《创意欧洲》是一部关于2014—2020年欧洲文化创意产业(CCI)发展的财政框架(MFF)。它通过满足文化创意产业的需求,以跨国运营为目标,密切关注并大力促进文化和语言的多样性。该规划是对其他欧盟项目的一个补充,用于对创意产业的支持,包括文物修复、文化基础设施和服务、文化遗产的维护以及对外关系的数字化等项目。规划将通过财政等渠道支持和援助成员国众多的文化创意活动。对于2014—2020年的MFF,委员会建议增加文化创意产业的投入预算,总数为10.801亿欧元,比上一轮次的开支水平增加了37％。这一大规模的增长，体现了欧洲对未来创意产业发展的高度重视。

从文化产业走向文化创意产业，是我国调整经济结构，通过创意改变和提升低端制造业的需要，也是我国文化产业自身由初级形态向数字化、网络化、移动化的文化科技一体化升级换代的必然需求。创意产业是文化产业发展到新阶段的产物，是相对传统的文化产业发展创新的更高形态，也是文化产业调整升级和产业管理突破原有边界的必然结果。正是新业态的不断产生、产业重心的转移、产业交融的强烈需求和行业管理边界的不断跨越，突破了原有文化产业概念的界限，从而呼唤新的文化产业概念。已经成为世界文化创意产业重要组成部分的中国文化创意产业，也必须融入全球发展的潮流中去。

从理论形态上看，文化产业升级为创意产业有其逻辑的必然性。澳大利亚学者斯图亚特·坎宁安在《从文化产业到创意产业：理论、产业和政策的涵义》一文中提出，区分文化产业和创意产业这两个概念具有理论意义，因为这种区分有助于进一步充实有关知识经济及其与文化和创造力的关系的本质问题的基本框架。同时，也必须有效地捕捉通常由这两个概念所描述的产业性质的变化，因为不同的政策体系是作为文化产业和创意产业的不同规则而发挥作用并支持文化产业和创意产业的。创意产业是一个相当新的学术、政策和产业范畴。它可以捕捉到大量新经济企业的动态，这是诸如"艺术""媒体"和"文化产业"等概念所无法做到的。就像英国、欧盟、新加坡和马来西亚政府资助的信息技术创意产业所证明的那样，以知识为基础的文化产业与经济发展之间有许多交叉点。"创意产业"这一术语是这一发展战略的核心。在这个意义上，创意产业是被用来区分传统的受赞助的艺术部门和通过知识产权的产生和开发而具有创造财富的巨大潜能的文化产业。[1]

创意产业的核心是原创力。原创、创新、设计创意及创意研发是整个创意产业赖以安身立命的灵魂。在一些传统的行业或领域中，创造性只是一种附属品而不具有产品的核心地位，这种创造性或创意还是相当泛化的一般概念，如艺术创作中艺术家的独创性。而按照后标准化时代的创意理念，创意或创造性成了特指的市场趋向的产业方式的核心。创造性成为创意产业的生命线。在当代消费社会，大众流行文化遵循时尚化、浪潮化的运行方式，使得文化产品的新颖性、短时性和强烈的空间视觉特征空前凸显出来。创意产业所包含的广告、建筑、文物、工艺品、时装、电影、音乐、表演艺术、出版、软件、电视广播、游戏与动漫、手机移动业务、网络视频等，无不强烈地依凭新的创意、新的设计而迅速迭代。

创意产业发展的内在动力是产业发展中调整结构、转型与提升的需求。创意产业着力推动整体产业结构的升级、越界、调整

---

[1] 林拓、李惠斌、薛晓源编《世界文化产业发展前沿报告（2003—2004）》，社会科学文献出版社，2004，第134—135页。

和重组。其根本观念是通过"越界"促成不同行业、不同领域（包括文化行业内的和文化产业外的经济形态）的重组与合作。西方许多学者注意到了文化创意产业对优化现有产业结构的重要作用。英国学者奥康纳曾颇有远见地指出："可以断言，地方和区域战略后十年的任务是找到一种可以把文化产业与更广泛的制造业部门联系起来的方式，创造性、风险、创新和信息、知识与文化在全球经济中将具有核心作用。"[1]

创意产业一般来说是在制造业充分发展、服务业不断壮大的基础上形成的，是第二三产业升级并融合发展的结果。除了传统第三产业中的一般服务业，创意产业中既有设计、研发、投融资等生产性服务业领域的内容，也有新型艺术体验、信息互动、休闲娱乐等消费性服务业活动的内容，是城市经济和产业融合发展的新载体，是现代服务业发展的高端形态。[2]

创意经济比创意产业范围更大、涵盖面更广。它的关键意义在于从宏观整体上把握全球、全国、全经济和全产业发展态势和战略，是跨越相邻产业或经济形态的顶层设计和全方位观察的视野。创意产业主要以产业形态展现，更关注产业内的运营和产品的创造，创意经济则更突出地体现了一种跨领域、跨类别、跨行业的"越界"和产业交融的特点，它包含了创意产业发展的不同阶段、不同层面，并展示了它由起初对整体经济的微弱影响，到

---

[1] 林拓、李惠斌、薛晓源编《世界文化产业发展前沿报告（2003—2004）》，社会科学文献出版社，2004，第19页。

[2] 金元浦：《文化创意产业的历史性出场》，《求是》2008年第19期。

成为整体经济的重要组成部分的延伸扩展态势。创意经济的另一种含义，也体现了创意和创新作为推动当代世界经济、社会各领域发展的核心要素的意义，它反映了创新与创意引领全球经济发展和辐射其他领域思潮的大趋势，也包含了促进社会包容、文化多样性和人类发展的积极意义。

由此，创意经济绝不是简单的传统经济概念，而是新形势下具有广泛延展性的开放观念。

二、从互联网思维到"互联网+"：从理论思辨到实践运行

那么，创意产业与创意经济发展的动力何在？以互联网为代表的高科技与文化的高度融合，打开了创意、创新、创造的新局面，也给创意产业与创意经济注入了动力，找到了途径。

在移动互联网高速发展背景下，中国大力推动"大、智、云、移、自"和"小、微、新、特、融"的发展思路。高度重视数字技术的核心推动力。以数字技术在原创领域开创新思路、新通道；以数字技术推动内容产业的大发展，狠抓供给侧结构性改革，推出各种文化产品；以数字技术开展传播方式的新革命、新手段；以数字技术推动文化消费与接受方式的新变革；以数字技术打开中国文化走出去的新通道。

2013—2014年，我国一批民营企业家在互联网实践基础上提出了"互联网思维"这一理念，引起了业界、学界和政界的广泛

讨论。其后互联网思维迅速进入实践领域，由一种观念创新跨越进入实践之中，形成"互联网+"的实践运行，并成为一种国家战略，成为全国经济行动的纲领，成为文化创意产业发展的新动力，并预示了未来发展的方向。市场在这一转变中发挥了决定性的作用，民营经济与混合经济发挥了重要作用。

2014年，中国的文化产业在中国第二产业升级换代的基础上，开始实现文创产业自身的升级换代。互联网上市企业引领中国文化产业高速发展，文化产业的业态发生剧烈变革：文化科技发生了巨大变化，跨界融合产生了"溢出效应"，创意阶层快速成长，消费群体发生了代际转换。

"互联网+"是创新2.0下互联网发展的新形态、新业态。信息技术的发展催生了创新2.0，而创新2.0又反过来作用于新一代信息技术的形成与发展，重塑了物联网、云计算、社会计算、大数据等新一代信息技术，并进一步推动了以用户创新、开放创新、大众创新、协同创新为特点的创新2.0，改变了全社会的生产、生活方式，也引领了创新驱动发展的"新常态"。"互联网+"的重大意义在于，它改变了人们的传统思维，人们不再拘泥于这个产业是什么、在哪个领域里面，而关注整体推动经济的全面发展。

"互联网+"模式中的"+"有两种生发模式，一是互联网+传统的各行各业，二是互联网+创新行业形态。

"互联网+传统行业"是指互联网与传统的各行各业融为一

体。如互联网新媒体与传统媒体的融合就诞生了数字出版、数字电视、网络视频、微博、微信、移动客户端等多种传媒方式。同时,"互联网+"又是信息化促进工业化的升级版,是国家制造业升级换代的重要途径。它在内涵上根本区别于传统意义上的信息化,重新定义了跨越式发展的新的互联网概念和文化创意产业概念。通过互联网+,创意设计成了推动装备业、消费品业、建筑业、旅游业、体育产业乃至农业等产业升级换代的引擎。

"互联网+创新形态",是指在创意创新的互联网精神激励下,我国文化创意出现了一批新业态,如网红与网红经济、短视频与直播 VR 与 AR、IP 与泛娱乐、文化众筹、互联网文化金融与艺术金融、文化贸易与跨境电商、网剧与网络大电影、微信公众号等众多创新形态。

概括起来,"互联网+"的"+"是突破时间和空间的新兴互联网移动连接,核心概念是"全连接"和"零距离"。

在"互联网+"的强力推动下,我国文化创意产业自身发生了结构性调整。原先占据文化产业重要位置的演出业、旅游业、纪念品业、图书出版业、报刊业、广播业,甚至电影电视业等让位于跨界发展的创意产业与创意经济。与互联网相关的创意产业升级为中国文化产业的核心产业、领军产业、先导产业,真正成为支柱产业。一支以百度、阿里巴巴、腾讯、华为、联想、小米、360等互联网上市企业为代表的准航母舰队已经开始成形。其共同特点是:高速成长性、互联网传播的途径、风险融资方式、国际化跨国发展模式与现代企业管理模式。

全球互联网创意企业的巨无霸是以苹果、谷歌为首的美国航母舰队群。苹果、谷歌、亚马逊、IBM等公司均超过许多全球制造业、能源类公司，成为美国经济的坚强支柱，为美国的GDP增长做出了杰出的贡献。

与之相应，我国文化创意产业的航母舰队群正在初步成型，成为当今世界唯一可能与美国相媲美的以民营企业、混合所有制企业为主的企业群。阿里巴巴在美国的上市，是国际互联网经济的重大事件。2021年天猫双11交易额达5403亿元，共29万商家参与。华为已成为中国最大的文化创意领军企业。腾讯、百度、京东、网易、搜狐、联想、小米、360，以及蚂蚁金服、优酷等一批企业获得高速发展，通过上市和并购规模迅速扩张，形成了一支走向国际的文化创意产业准航母舰队群。这个准航母舰队群通过上市获得国际化的背景，运用风险投融资的方式迅速壮大。它们在互联网时代特别是移动网时代按照新型跨越式发展的方式成长，大大提高了我国文化产业总量，推动了行业跨界融合的速度和规模，真正推动文化产业成为中国未来经济的支柱型、先导型引擎产业。

三、创客运动是中国走向原创大国的重大战略

创意经济的全球格局正在变化，在创意的引领下，中国正努力走向原创大国。

创意产业的核心是原创力，如何改变我国创意产业原创力相当薄弱的现状，实现我国文创原创力的跨越式发展呢？

习近平总书记在2016年中国科技创新大会上指出：如何构建引领创新、支持创新、鼓励创新的科技体制，是科技创新的关键，是创新发展的关键。实际上，不同于西方"极客"式的中国式"创客"，不仅仅痴迷于技术突破，而且要激发全民族的创造性。中国式"创客"实际是指所有具有"创意、创业、创新"意识的新一代创业人，他们是处在文化经济前沿的具有创新意识的一代人。

"大众创业、万众创新"作为我们经济转型和保增长的双引擎之一，有着十分重要的意义。该创新战略提出以后，我国有了一波新的创业潮与新技术导致的需求潮，带来了文化科技的一个新的发展高潮。它的最大成果是让逾千万的创业者走向了创客之路。

什么叫"创客"？"创客"一词来源于英文单词Maker，原指出于兴趣与爱好，努力把各种创意转变为现实的人。经济学中长尾理论的发明者和阐述者克里斯·安德森在《创客：新工业革命》中预测，在接下来的十年里，人们会将网络的智慧用于现实中。未来不仅属于建立在虚拟世界基础上的网络公司，也属于深深扎根于现实世界的产业，所以创客运动是线上线下的高度融合，是数字产业与现实产业的高度融合。安德森预测，随着数字技术快速成型，互联网创新模式会成为一个普遍的方式，一个人坐在家里就可以参加全部的创意活动。

2011年开始，全球掀起了创客文化的浪潮。2014年，时任美国总统奥巴马把创客提升到了打造新一轮国家创新竞争力的高度，并且宣布每年的6月18日为美国国家创客日。可以看出，创客运动成为数字世界真正颠覆现实世界的一个助推器，将掀起新一轮的工业革命。与创客相关，还有一个"极客"概念。"极客"这个词来自美国的俚语Geek，随着互联网文化的兴起，这个词被用于形容对计算机和网络技术有狂热兴趣、投入大量时间钻研的人。在数字时代，极客的作用非常重要，他们不断地以技术创新改变互联网以及创意产业和创意经济的生态。极客的发展符合中国互联网文化兴起的现实，那就是突破、创新、走向全球创意最前列。

"创客运动"是数字世界真正融合现实世界的助推器，是一种具有划时代意义的新浪潮。全球将实现全民创造，掀起新一轮工业革命。在《创客：新工业革命》一书中，克里斯·安德森深入到新工业革命的前沿阵地，考察了创业者是如何使用开源设计和3D打印，将制造业搬上自家桌面的。在这个万众创新的时代，数以百万计发明家和爱好者的集体潜力即将喷薄而出，全球制造业将由此掀开新的一页。

创客这个概念在李克强总理的报告中有了新的解释，叫"中国式创客"。"中国式创客"将"双创"原有的概念进行了扩展，即将技术的创新探索扩展到文化创意和更大范围的创业运动。力图在推动产业结构向中高端迈步的过程中，大力发挥来自草根创业者的无穷智慧，创客是创意者的新概括，他们将使中国的经济焕发勃勃生机。

2015年以来，各地建设了一大批创客空间，主要是以咖啡店等形式来经营，发挥创业孵化器的作用，为很多创业人带来活动的空间和交流交易的环境，成为年轻创客们实现创客梦的出发地。天使投资人、风险投资人、创业基金、银行贷款都在这里汇聚，这里也是国家大力推动的产业空间。创客运动的长远意义在于它扭转了我国互联网科技—文创企业长期采取的"跟跑"、追随和复制的战略，使它们进入追求原创的新时代。

创客模式的另一种方式是网上虚拟创意产业集聚区或文化园区，即在当代文化潮流、文化消费、文化市场、文化时尚的基础上，构建某一创意产业（行业）科研、生产、流通、交易的数字化平台或创意信息数字交易港，吸引大量分散在各处的创客线上进驻，构成线上创意集聚区。它通过汇聚巨量信息与订单，开展网上信息交换、商务交易和产品推介销售。这一网上创意产业集聚区或文化创意信息数字交易港是面向世界市场的无国界、多语言、低门槛、高效率的国际化平台，可以为世界各国的客商服务。它可以解决不同语言转换的问题，可设置多语种交流平台，建立完善的商务翻译服务。

创意产业的根本观念是通过"越界"促成不同行业、不同领域，特别是线上与线下的重组与合作。通过"越界"，寻找新的增长点，推动义化与经济融合发展，并且通过在全社会推动创造性原创，来促进产业机制的改革创新。从发展来看，数字化高端融合的O2O新模式，是创意产业集聚区的高级形态和未来发展趋势。创意产业集聚区发展的高级形态和未来发展趋势是依托一定的实体创意产业集聚区，在实物设施的创意产业集聚区基础上打造无界域、国际化的虚拟创意集聚区，建设一个交换传播迅速、顺畅的数字化网上市场或数字化的交易平台，构建"虚拟创意产业集聚区"或"文化创意信息数字交易港"。网上创意产业集聚区或平台可以更方便地集中散居于全国各地甚至全球各国的高等院校、科研机构、企业和个体创意者（往往是极客）的最新技术成果，推动独立创客和小微企业入驻网络集聚区，推动技术成果转让，实现科研成果向生产的迅速转换。

文化创意产业还需以云服务为基础的分销渠道，所以"微店网云模式"倏然而出。与网上创意产业集聚区或文化创意信息数字交易港相应，现实世界有相应的实体型生产中心、物流中心或会展中心、贸易中心。微店网云模式开创了一种新的网聚模式，而无需企业、营销商的地上集聚，以最简方式实现集约化经营。

在新的模式运营中，"极客"的作用不可忽视。极客是整个新模式运营的技术探索者和支撑者，他们以不断的技术创新改变着移动互联网以及文化产业和文化经济的生态面貌，是我国未来科技发展的先锋和中坚力量。我们必须高度重视这个群体，不断发现人才，以热情和宽容的态度关怀他们、从各个方面支持他们，并以孵化器等方式扩大极客的队伍。

数客，即数据分析师，指的是在当下大数据时代，专门从事行业数据搜集、整理、分析，并依据数据做出行业研究、评估和预测的专业人员，是数字时代的重要人才，是当前推动大数据发展的关键人才。目前数客大量缺乏是国内数字科技发展的短板，需要尽快培养数客。越来越多的政府机关、事业单位，特别是大批科技文化企业，已经看到数据分析的重要性，将越来越多地选择拥有综合技能的数据分析专业人士，来为他们的项目做出科学、合理的分析，以便正确决策。

互联网本身具有高度数字化和互动性的特征，这种特征给数据搜集、整理、研究带来了革命性的突破。以往的数据分析师要花较高的成本（资金、资源和时间）获取支撑研究与分析的数据，数据的丰富性、全面性、连续性和及时性都与互联网时代存有巨大差距。与传统的数据分析师相比，互联网时代的数据分析师面临的不是数据匮乏，而是数据过剩。因此，数客们必须学会借助技术手段进行高效的数据处理。更为重要的是，互联网时代的数据分析师要不断在数据研究的方法论方面进行创新和突破。以新闻出版行业为例，任何时代，媒体能否准确、全面和及时地了解受众状况和变化趋势，是其成败的关键；而对于新闻出版等内容产业来说，数据分析师能够发挥分析内容消费者数据的职能，以支撑新闻出版机构不断改善客户服务。

必须强调，创客运动是中国走向原创大国的重大战略，它在万千青年创业者心中种下了创意、创新、创造的种子，是中国义化创意产业拥有光明未来的重要保证。

四、创意推动文化新业态

随着数字技术的更新与应用,数字技术与文化融合的程度日益加深,以数字技术推动的文化新业态竞相涌现,如IP—泛娱乐、虚拟现实(VR)与增强现实(AR)、短视频与直播、网红与网红经济等,以及文化众筹、互联网文化金融与艺术金融、文化贸易与跨境电商、网剧与网络大电影、微信公众号等众多创新形态。这一系列文化新形态、新业态是以现代数字技术和移动互联网为核心支撑的文化形式。与传统的文化业态不同,文化新业态所具有的技术密集、知识密集、附加值高等特性,体现出数字技术对传统文化行业的升级与创造。

1.IP—泛娱乐

IP—泛娱乐是具有中国特色的知识产权转化路径的我国文创新业态。它一方面大大激活了我国规模巨大的网络小说市场,找到了我国知识产权的转化新途径,发掘并放大了内容—故事的潜在价值。通过整合产业链,生成了远超其本身的巨大的聚合效应。IP—泛娱乐生态战略最早由腾讯在2011年提出,腾讯通过收购整合方式将文学、出版、动漫、影视、游戏、网剧、网络大电影等文化产业链上下游环节打通,构建"同一明星IP、多种文化创意产品体验"的互动娱乐生态。之后,阿里巴巴、百度、360、小米等互联网巨头企业纷纷将"泛娱乐"作为公司的重要战略大力推进。在泛娱乐IP产业链中网络文学占据源头地位，同时迎来政策支持、资本介入和商业模式变革三重利好，展现出一种爆发态势。[①]

2.虚拟现实（VR）与增强现实（AR）

VR技术是以计算机技术为核心，生成逼真的视、听、触觉等一体化的虚拟环境的技术。用户借助必要的设备以自然的方式与虚拟世界中的物体进行交互，相互影响，从而产生亲临真实环境的感受和体验。概括地说，虚拟现实是人们通过计算机对复杂数据进行可视化操作与交互的一种全新方式。与传统的人机界面以及视窗操作相比，虚拟现实在技术思想上有了质的飞跃。虚拟现实是一种基于可计算信息的沉浸性、交互性系统。这些被定义的特性浓缩为虚拟现实的"3I特征"：沉浸感（Immersion）、交互性（Interaction）、想象力（Imagination）。增强现实技术AR是在虚拟现实基础上发展起来的新技术，也是通过计算机系统提供的信息增加用户对现实世界感知的技术，并将计算机生成的虚拟物体、场景或系统提示信息叠加到真实场景中，从而实现对现实的增强。增强现实技术将计算机生成的虚拟物体或关于真实物体的非几何信息叠加到真实世界的场景之上，实现了对真实世界的增强。同时，由于与真实世界的联系并未被切断，交互方式也就显得更加自然。在视觉化的增强现实中，用户利用头盔显示器，

[①]《资本逐鹿千亿级泛娱乐产业 企业巨头抢滩掘金热门IP》，《南方日报》2016年5月9日。

把真实世界与电脑图形多重合成在一起，便可以看到真实的世界围绕着他。随着增强现实技术的广泛应用，它已成为一种强大的市场工具。在旅游、影视、娱乐、游戏、主题公园以及教育、军事、房地产等领域，VR与AR已经显示出强大的应用能力。

3.网络视频直播

近年来，网络直播成为移动互联网领域竞争的热点。境内各大网站纷纷开设网络直播平台，游戏类（斗鱼、熊猫）、电商类（淘宝、京东）、视频类（bilibili、优酷网、爱奇艺）、娱乐类（映客、花椒）、社交类（微博）等各类网络直播平台迅速涌现。直播时代，每一部手机都是制造网络新闻和产出网络舆论的平台，每一个网民都可能成为信息的来源和传播的媒介。由此带来的新变化和挑战，值得重视和研究。

网络直播在移动端兴起的主要表现有两类：一是网络主播，即网民通过网络直播平台担当主持工作，并且实时与线上网民交流互动；二是一些移动客户端对热点事件的视频直播，如抖音平台直播旅日熊猫"香香"回国。

随着互联网以及移动设备的广泛覆盖，一部手机就可以让每个人都成为视频的发布者和舆论议题的发起者，非专业人士也可以完成出镜、采访、剪辑、发布等复杂的新闻采集乃至发布任务。作为一种眼球与注意力经济，直播随时创造网络舆论的新议题，改变了传统新闻的运作模式，已经成为数字时代舆情传播的重要载体。作为一种体验经济，网络直播可以打造网民与直播现场的零距离用户体验,并通过移动端随时分享;作为一种粉丝经济,网络直播具有强大的双向互动能力,在移动端具有巨大的网络传播能量。网络直播在分享和传播过程中,网民可以通过转发、分享、回复视频、滚屏弹幕等方式发表自己看法或与直播发布者进行互动,将个体收看变成了群体式行为。这不但改变了传统媒体单向的信息传播模式,同时在直播互动中也能产生新的议题。

4. 网红经济

网红经济是互联网形态下的粉丝经济。网红一般是在某些细分领域具有一定专业行动力的素人,他们通过互联网的方式传播自己的原创内容、专业知识和生活方式,成为在特定领域具有一定影响力的关键意见领袖。作为"互联网+"时代下一种新兴的商业模式,关注网红的粉丝往往是对特定领域有了解需求或感兴趣的受众,当网红推介产品时,这些受众天然地成为产品的潜在客户。而且因为网红与粉丝在长期大量的互动过程中建立的信任关系,粉丝对网红推介的产品更敏感、更容易接受。因此,网红经济往往能够更精准地将产品匹配粉丝需求,实现精准营销,极大地提高消费转化率。网红经济有着自己独特的优势:①垂直领域专业性;②产品人格化;③精准定位,营销从"漫灌"到"精灌";④为品牌商吸引流量提供新的渠道选择。

网红和粉丝之间,通过口碑传播、互动、评论分享等形式逐渐确定一种亲密的信任关系。网红以自身作背书,将自己的个性融入产品中，使产品更具人格化，也更容易被粉丝接受。网红向其受众推介产品时，其传播的不仅仅是产品，更有自己个性化的生活方式、价值理念、消费习惯，粉丝在购买产品的时候，购买的是他们所信赖的网红所创立的生活样本和人格模式。

传统的品牌商在定位和寻找销售对象时，经常受困于如何在海量的用户数据库中寻找到自己目标受众，并将产品信息精准地传递，因而不得不用一种"漫灌"的方式，将信息以撒网的形式传递给受众。

网红经济是"互联网+传统商品"的创新实践。它利用互联网平台和社交媒体，寻找新的营销路径。对于创意产业来说，利用网红经济的特点和优势进行传统品牌的推广和传播是一种新的创意探索。

经过几年的发展，网红经济规模化趋势明显，网红经济所涉及的领域日趋多元，产业链趋于完整。未来会有越来越多的具有内容制作能力的优质网红受到资本和市场的青睐，也会有更多缺乏踏实内容创作的网红如昙花一现，消逝在新经济的浪潮中。在这个过程中，传统的品牌商转变观念，主动迎接和把握网红经济带来的机会，拥抱这种新兴的带有电商和社交基因的商业模式，或许会为自己在新形势下的转型和突破带来新的契机。

五、"文化+"：最根本最长远的历史底蕴

与"互联网+"和创客空间相应的是"文化+"。文化是创意

产业和创意经济最根本、最长远的历史底蕴。文创产业是新时代人类"自由自觉的生命活动",是世界各国在自身传统基础上"按照美的规律"建造的文化实践。美学、艺术与伦理学应当成为当下创意产业发展必须补上的重要的精神课程。

在市场洪流的裹挟下,文化的缺失是目前我国文化创意产业发展的重大短板。在目前发展的阶段,不论影视艺术、出版传媒、视觉图像、广告创意,还是城市规划、乡村旅游、古镇复原、非遗保护,乃至网红经济、视频直播、VR与AR、网剧与网络大电影,都需要进行艺术的、审美的、文化哲学和精神品格的提升。

我国经济社会发展进入当前面临升级换代的形态,文化上升为社会发展的核心要素的重要性日益凸显。文化如水,润物无声,社会经济发展的各个行业、各个门类都需要文化的植入、交融与主导。文化产业已成为我国经济的重要支撑力量,旅游、电影、动漫、游戏等文化产业,日渐成为GDP重要的支撑力量,并正在向支柱性产业进发。

目前,我国文化消费缺口巨大,原因之一是"文化+"没有落实到位。"文化+"的缺失带来了一系列问题,包括文创企业伦理问题和文化走不出去等众多问题。

"文化+"缺失导致产业伦理问题突出,出现了一系列道德伦理甚至犯罪问题,如文化产品的诚信问题、涉黄问题、电子诈骗问题、网络谣言问题、盗版泛滥问题、有毒信息问题、媒介职业道德失范问题、虚假新闻、新闻敲诈和新闻腐败问题以及广告失德失信等问题，已经相当严重地影响到文化创意产业的健康发展。文化部（现文化和旅游部）已出台加强网络表演管理的政策，对网络表演关键环节进行规范。此外，还建立了违规网络直播平台和违规主播警示名单及黑名单制度。

文化的缺失一方面是由于我国市场经济发展时间短、市场化与法治化程度不高，文创产业在发展初期忽视人文价值；另一方面，在世界创意产业、创意经济的伦理问题中，许多是在全球新技术、新媒介、新业态发展中产生的共有的新问题，迫切需要各国共同面对，共同解决。但归根结底，这些问题还是"文化+"的缺失导致。

"文化+"的缺失造成传统文化的失落。一方面，"文化+"的缺失，造成了中国传统文化的失落；另一方面，我国文化产品也因为没有核心内容导致走不出去。以非物质文化遗产为例，我国已有42个项目被联合国教科文组织列入非物质文化遗产名录，国家级代表项目3610项，但是这些传统文化在当前经济快速发展中逐渐走向消亡。这些民族文化遗产亟需以产业化运营的方式来进行保护和开发。我国在文化产业领域还要进一步开放，进一步让中国真正好的文化产品走出去。

第四章　从文化产业、创意产业到创意经济

我国文化产业正处在发展的瓶颈期。如何打破低端发展、消费不振、市场低迷的困境，实现跨越式的提升，是当前严峻的现实问题。从理念到实践审视创意经济，是观天下大势、看中国问题、解当下困局的需要。

一、创意成为全球经济与文化实践推进的中心

联合国教科文组织作为拥有巨大全球影响力的国际组织，近年来开创性地提出了一系列"世界级倡议"。为推动创意产业、创意经济的发展，教科文组织积极组织"创意城市网络"项目。世界各国许多城市对成为创意城市网络成员十分踊跃，目前全球已有近300个城市成为网络成员。

2010年，"创意城市网络"在深圳召开了"联合国教科文组织创意城市网络2010年深圳国际大会"，大会以"新技术、新媒体和创意城市合作"为主题，并且强调了三个机遇：创意经济的内容转型、增强社区之间的联系以及成员城市之间更好的互动。

公报认为这次大会在应对数字环境挑战方面取得了重大跨越，为网络城市的合作创造了独一无二的宝贵机会，并肯定了创意产业在未来可持续发展中日益重要的作用。在内容转型方面，创意城市网络肯定了个人、机构和企业的研发在为创意产业及其他产业开发数字内容方面的重要性，并倡议通过使用新型互动传媒及开放式技术来促进个人和社区积极地参与创意经济。

2013年10月，联合国教科文组织在北京召开创意城市网络峰会，并签署发布了《北京宣言》《北京议程》《北京共识》三大重要文件。其中《北京议程》呼吁以城市与创新、创新与创意、创意与设计为主线，强化科技创新与城市发展密不可分的关系。

联合国贸发组织编纂的《创意经济报告2008》和《创意经济报告2010》（以下简称报告）对全球创意经济发展发挥了重大作用。它从经济、社会、文化和可持续发展等四个方面，论证了创意经济的内涵、要素多重维度，以及它通过多种方式推进发展的动力机制。报告认为，创意经济深深植根于国民经济之中，在相关服务业和制造业产生经济效益并创造就业机会，促进了经济多元化、财政收入增加、贸易增长和文化创新。创意经济还有助于使衰退中的城市区域恢复活力，开发遥远的乡村区域，促进各国环境资源和文化遗产的保护。[1]

从经济视角来说，有一个正被广泛认同的事实，即就全世界

---

[1] 联合国贸发会议（UNCTAD）主编《创意经济报告2010》，中国社会科学院文化研究中心译，三辰影库音像出版社，2011，第7页。

而言，一些国家的创意经济发展步伐一直超过其他经济部门。创意经济对全球经济做出巨大贡献，驱动着未来经济增长大方向。

二、从文化产业到创意产业

从文化产业走向文化创意产业，首先，是我国经济调整结构的需要，是通过创意改变和提升低端制造业的需要；其次，也是我国文化产业由旅游观光等初级形态向数字化、网络化、移动化的文化科技一体化升级换代的必然需求。

创意产业是文化产业发展到新阶段的产物，是相对文化产业初级形态的发展改革的更高形态。首先，它必须与更先进生产力相结合，与高新科技特别是5G背景下的移动网、物联网、大数据、云计算、区块链等数字新技术结合起来，创造新业态、新场景、新方式。其次，它还要与深厚的中华文化传统结合起来，具有人文的、美学的、艺术的精神蕴含。最后，创意产业是与产业新链条、市场新机制、消费新人群密切联系的经济新形态。这一切，源于全球社会、经济、贸易发展的大趋势。更重要的是，它源于我国文化产业内部的变革需求；源于产业在市场环境中的生存和发展需求；源于消费者日益升级的文化消费新需求。

欧洲著名文化经济学家陶斯在其著作《文化经济学手册》中指出："我写这本书的目的是要将文化经济学范围扩大，将创意产业和相关的版权法问题包括进来。创意经济和创意产业的方法不只是文化政策中的一股时尚潮流（虽然它当然是），它包括了许多对文化经济学的研究而言重要的经济特质。如今,'创意产业'这个词已经被政府和国际组织广泛使用,涵盖了与文化产业相关的文化经济学中艺术和遗产的所有'传统'主题。"[1]

由此可见,创意产业一方面是在传统意义上的文化产业基础上发展起来的产业概念,另一方面又是不同于过去文化产业的新的产业形态。在联合国贸易和发展会议(以下简称"联合国贸发会议")上,埃德娜·多斯桑托斯主编的《2008创意经济报告——创意经济评估的挑战面向科学合理的决策》中对创意产业有较为明确和细致的论述:"创意产业"可以被定义为,将创意与知识资本作为初期投入,包含产品与服务的创作、生产和销售的循环过程。创意产业由一套以知识为基础的经济活动构成,生产有形产品,还生产包含创意内容、经济价值与市场目标的智力或艺术服务。创意产业构建了一个大而杂的领域来处理不同创意活动之间的关系,包括从传统工艺、出版、音乐、视觉与表演艺术到更加技术密集型与服务导向型的经济类型,例如电影、广播电视、新媒体与设计。创意部门拥有灵活而标准的市场结构,包括小到独立艺术家、小型商业企业,大到世界最大的企业。如今,创意产业在世界贸易中是最有活力的部门之一。[2]

这一概括包含了创意产业的诸多要素,反映了当代世界关于

---

[1] Ruth Towse, *A Textbook of Cultural Economics* (Cambridge: Cambridge University Press, 2019).

[2] 联合国贸发会议主编《2008创意经济报告——创意经济评估的挑战面向科学合理的决策》,张晓明、周建钢等译,三辰影库音像出版社,2008,第4页。

创意产业的基本看法。

笔者认为，创意产业理念的内涵包括：

（1）创意产业的核心是原创力。创意产业的产品最忌讳沿袭陈规旧俗，它在总体上必须凸显产品独具的特色，才能"击中"人心，在市场上获得超值的效益。创意产业的精神性、流动性与易逝性决定了创意产业的这一根本。

（2）由原创力带来的创意新业态日益成为整体经济和文化创意产业高速发展的实践动力。当下实践证明，创意产业能推动一些新生的产业类别的发生、发展和壮大，并推动传统文化产业的升级、变革产业形态。创意产业首先是适应一批新兴的文化产业类别的崛起而应运而生的新业态。它不再囿于传统文化产业观念及其类别，而是适应新的产业形态而出现的创新概念，是对新形态的概括、总结和发展。像英国提出的13类创意产业部类，首先就包含了一些在社会生活中发生重要影响的新生的产业类别，如动漫、游戏、数字艺术、软件设计、互动休闲、广告等，也包括仍沿用过去分类的电影、电视、新闻出版、工业设计、服装设计等部类，但其内涵已大大变化，变成了数字电影、数字电视、数字设计。

从实践形态上来看，从文化产业升级为创意产业也是产业形态发展自身的历史性要求。英国20世纪80年代打破了欧洲传统文化不能产业化的精英式理念，开始使用"文化产业"的概念。大伦敦市议会（GLC）在扩展了的意义上使用"文化产业"一词,主要强调两点。一是强调文化产业是指国家资助体系之外的那些文化活动(GLC常常把它们等同于大众流行文化的生产)和商业操作,它们是财富和就业机会的重要创造者;二是强调人们所消费的全部文化商品如电视、广播、电影、音乐、图书、广告等,大多数是与公共资助体系无关的文化商品。GLC的文化战略包含了一条经济的市场路线,试图把文化产业界定为与艺术紧密联系的产业,并称之为"艺术与文化产业"。1997年,英国布莱尔上台后提出创意产业理念,除了有政府换届、工党上台的标新立异的意义外,更多的是实质上的数字化高新技术引领的产业结构的调整和产业管理范围的扩大。

(3)创意产业的根本观念是通过"越界"促成不同行业、不同领域的重组与合作。这种越界主要是对第二产业的升级调整与第三产业即服务业的细分,打破二、三产业的原有界限。通过越界,寻找提升第二产业、融合二、三产业的新的增长点。二产要三产化,要创意化、高端化、增值服务化,以推动文化与经济的发展。二产的发展靠机器、厂房、资源和劳动力,不同于制造业的劳动力密集特征,创意产业的发展靠创意阶层、创意群体的高文化、高技术、高管理以及新创意和新经济的"杂交"优势。创意产业中既有设计、研发、制造等生产活动领域的内容,也有与高科技相关的内容产业,更有第三产业中的生产性服务业和消费性服务业。

(4)高科技和新技术是创意产业超越传统文化产业的最重要

的依据，它是创意产业跨越式发展的科学基础、技术保障。高科技创造了新型服务业的载体，创造了文化传播的新媒介，建构了新一代消费者的新的消费习惯乃至文化生活方式。可以说没有高科技就没有创意产业。

创意产业是科技与文化一体化、技术与内容相融合的高端产业。IT业、互联网和传媒业的发展正迫切需要内容产业的支持和推动。需要"故事"，需要与百姓生活密切关联的"内容"。因此，创意产业的战略，就为城市或地区提供了跨越式发展的良好机遇。它推动新兴数字技术支持的新媒体信息产业走向内容创新、文化创新和产品创新。从新兴的创意内容产业等高端产业入手，以数字化等高新技术促进文化的产业化，改造传统文化生产流通方式，来带动整个文化创意产业的全面发展和提升。

（5）作为现代服务业，创意产业是与艺术、文化、信息、休闲、娱乐等精神性内容相关，满足人们精神文化与娱乐需求，是城市精神消费与娱乐经济融合发展的新载体，是现代服务业的高端组成部分在服务业的总体业态中，文化创意产业开拓艺术型、精神型、知识型、心理型、休闲型、体验型、娱乐型的新的产业增长模式，培育新的文化消费市场，迎合新一代创意消费群体，适应全球化消费时代的新的需求，推动新形态的文化经济的发展。

艺术，是人类区别于动物的最独特的文明标识之一。文学、绘画、建筑、雕塑、音乐、舞蹈、戏剧、电影乃至新技术和新创意发明的许多新艺术类别对创意的追寻是永恒的。欧洲许多国家的学者高度关注艺术产业，一方面表明了当今文化产业、创意产业与艺术的密切关系——创意源流的悠远沿革与断腕式的开新；另一方面也显示了新的历史时代的开启——艺术因为人类日新月异的需求，而与经济、产业、管理、金融等紧密地结合起来。

（6）创意产业不同于一般产业的重要特点是其变化的迅捷性和产业发展的不确定性。从产业运行的模式上看，创意产业的发展更加动态化，它是市场经济运行的高端方式，更加远离过去的计划经济方式，更多地依靠市场和消费自身的推动，同时又不断地设计市场、策划市场、涵养市场、激发市场。在当下的全球化消费时代，市场的全球性、传播的全球性，以及需求的精神化、心理化、个性化、独特化与消费的时尚化、浪潮化，使得创意产业从根本上改变了过去固化的发展模式：常规结构，常规模式，常规营销，常规消费；而代之以不断变动的创意策划、创意设计、创意营销、创意消费。创意产业在不断关注市场中，创造消费惯例、涵养消费人群、引导消费时尚潮流。它不断在创意中寻找热点、利润和机会，以一种动态的平衡模式替代或提升过去的稳态工业发展模式。因此，创意产业高度依赖策划、依赖人才、依赖变化，每时每刻关注市场哪怕微小的变动，捕捉机会，放大机会，展开新一轮竞争。它的活力在于每个企业都有机会也有风险，每个企业都要面对竞争也要面对失败。这就是创意社会的主旋律和大逻辑。①

三、创意经济：一个更为广泛的整体性概念

现居澳大利亚的英国学者约翰·哈特利从产业发展的阶段上定义创意经济。他认为创意经济包含了创意产业发展的三个阶段。他指出，在过去的十多年里，从创意产业到创意经济经历了三个阶段，即创意产出阶段、创意投入与融合阶段、消费创新引导阶段，三者的交融构成了新的创意经济的概念。

所谓创意产出阶段，是指创意产业概念在世界范围内流行以后，各地各城市都兴起了创意集聚区、创意产业园区，出现了众多集群现象，并且产出了一批创意产品。这可以看作是创意产业发展的第一阶段。创意产业的第二阶段是在知识经济中以及计算机、通信和媒介产业整合的语境下对商业、技术和创意的融合。创意不再局限在产品的产出上，而是包含了创意的投入、资本的投入和技术的投入，也不再局限于一个部门，而是涉及旅游、观光、零售、金融服务，乃至健康、教育和政府服务等各个方面。它打破了产品和服务的界限，并突出创意的核心地位，这是创意产业发展的第二阶段。创意产业的第三阶段是消费者协同创作阶段。这一阶段突出了创意产业走向创意经济的新特征，那就是纳入了消费者参与创新这一消费社会的最新经济驱动力。数字互动

---

① 金元浦：《文化创意产业四题——关于加快转变文化产业发展方式的几点思考》，《求是》2012年第2期。

技术、开放网络关系、开放源代码和多种数字化娱乐方式等使得广大普通消费者成为参与创新的人群，而消费者的创新通过某种研发形式反馈、引导和推动未来的商业开发与资本投入；从而建立起更为广泛的各种创意投入的社会基础，成为推动经济发展的新动力。三个阶段的递进发展，呈现了从创意产业到创意经济的演进扩展的历程。[1]

与上述观念有所不同，联合国贸发会议从更广泛的意义上提出了创意经济的定义："创意经济"是一个不断演进的概念。概念的基础是创意资产拥有增进经济成长和发展潜能。它可以促进创收、创造就业机会及增进出口收益，同时促进社会包容、文化多样性和人类发展；它是一系列以知识为基础的经济活动，具有发展维度，并与整体经济在宏观和微观层面上有交叉联系；它是一个可行的发展方案，要求创新的、多领域的政策回应和各部门的协调行动；创意经济的核心是创意产业。[2]与此同时，创意经济也推动了社会包容、文化多样性和人类发展。

创意经济通过相互联结且灵活的网络生产服务系统得以运行，并涵盖了整个价值链。如今，创意经济深受日益强大的移动互联网的影响。各种社交媒体平台、网络销售平台、信息资讯类平台等促进了创意人士、创意作品、创意场所之间的连接与合

---

[1] 约翰·哈特利编《创意产业读本》，曹书乐、包建女、李慧译，清华大学出版社，2007，第11页。
[2] 联合国贸发会议（UNCTAD）主编《创意经济报告2010》，中国社会科学院文化研究中心译，三辰影库印象出版社，2011，第9页。

作。[1]

这里，贸发会议强调了创意经济是一个"相互联结且灵活的网络生产服务系统"。

这一定义强调了创意经济与经济、文化等社会多方面之间的互动，和创意产业实际操作中遇到的多个领域的政策实施的一致性，以及政府和经济管理各部门的协调行动等。

创意经济扩展到了政治责任和政府管理的广泛领域。尽管许多政府已经确立了特别的部委、部门或具体单位来处理文化产业事务，但实际上几乎所有领域的政府政策都多少与这些产业相互影响，涉及的领域如下：

经济发展：如前所述，创意产业对促进国家经济发展做出了重要贡献，成为财政部门、金融部门和规划部门的关注焦点。

贸易：创意产品与服务是大多数国家国际贸易中的重要因素，并因此处于贸易、外交事务和国际关系部门的政策监管之下。

区域发展：在区域经济规划中，创意领域是发展的特殊目标。

劳动力：如前所述，创意产业对就业的影响是重大的，是劳动力市场政策的关注领域。

国内和国外投资：通过具体的财政政策或管理措施，鼓励创意产业的私人投资。

技术和通信：新技术对创意领域非常重要。电话服务、网

---

[1] 联合国贸发会议（UNCTAD）主编《创意经济报告2010》，中国社会科学院文化研究中心译，三辰影库音像出版社，2011，第9页。

络、宽带、卫星通信等的规范（或政策放宽）都对创意产业有重要意义。

文化：创意艺术的核心功能，通常由政府通过调控经济和文化目标来支持。

旅游业：如前所述，在许多国家，创意产业（特别是表演和视觉艺术、文化遗产服务）和旅游业对城镇地区的经济活力贡献作用较大。

社会事务：有关扶贫、少数民族社会冲突、青少年和性别差异问题的政策都可以通过创意经济来实现。

教育：随着创意产业的壮大与发展，人们对创意产业劳动力的职业培训越来越感兴趣。艺术教育中更普遍的问题也与此有关。[1]

因此，创意经济绝不是简单的传统经济概念，而是新形势下具有广泛延展性的开放观念。

四、我国创意经济提出的新需求与新语境

目前，我国经济发展进入新常态，已由高速增长阶段迈向高质量发展阶段。如何扩大内需进一步推动创意产业与创意经济的发展，是现实问题倒逼改革的结果，体现了结构转型的强烈内生需求。

---

[1] 联合国贸发会议（UNCTAD）主编《创意经济报告2010》，中国社会科学院文化研究中心译，三辰影库音像出版社，2011，第24页。

作为发展中国家与新兴国家，我国发展创意经济要解决什么问题？

创意经济进一步打破产业壁垒、行业壁垒、地域壁垒、专业壁垒、部门壁垒、所有制壁垒。创意经济对于我国调整经济结构，强化原创力，改变目前制造业产能严重过剩、增长乏力的现状，推动我国制造业走向高端的意义十分重大。要以创意设计与高新技术为引领，以电子营销等方法，全面升级我国制造业，实现实体产业与虚拟经济的结合，推动我国文化产业的升级换代，由低端旅游等向线上业态、电子商务、移动运营发展。创意经济要求我们有更高的国际化层次和水平，对于我国对外文化贸易发展具有重要意义，有助于构建文化中国国际形象。

当前我国经济结构稳定增长，应将文化创意产业、创意经济乃至文化消费，作为目标产业形态，迫切需要解决宏观经济层面的顶层设计问题，改革体制与机制，设立顶层管理与运营机制，来协调国家当前制造业升级换代与文化创意产业、创意经济的文化目标，协调科技发展、国际文化贸易与国际文化服务总体战略政策间的一致，形成全面合力。

统筹解决全国东部、中部、西部文化创意产业不同阶梯、不同地域、不同行业的发展不平衡的问题，推动包容性发展。根据具体发展层次、行业水平、现有条件，采取多样化的一业一策的解决方案，解决发展中国家创意产业增长的不均衡问题。

构建"创意纽带"，建立东部与中西部文创产业在创意、人才、投资、技术、管理、企业家能力和贸易之间的对接。以硬件设备、基础设施为主的临时性援建模式往往不可持续。授人以鱼不如授人以渔。要从政策支持与倾斜上，引导和鼓励企业到西部投资开发，包括民营企业、中小企业，使它们在市场化的产业开发中获得经济利益。

为取得发展收益，必须促进我国创意经济政策的大力创新。全方位地建立人才、环境、交易、体验机制和包括风险投资、天使投资在内的投融资、上市机制，建立网络化、移动化、线上线下完美结合的高科学技术平台与销售平台，以及可实行综合服务的孵化器运营平台，是未来政策创新的主要目标。

现实的发展印证了我国创意经济提出的新需求。李克强总理2014年1月22日主持召开国务院常务会议，会议决定改革中央财政科研项目和资金管理办法，部署推进文化创意和设计服务与相关产业融合发展。文化创意和设计服务具有高知识性、高增值性和低消耗、低污染等特征。依靠创新，推进文化创意和设计服务等新型、高端服务业发展，促进与相关产业深度融合，是调整经济结构的重要内容，有利于改善产品和服务品质、满足群众多样化需求，也可以催生新业态、带动就业、推动产业转型升级。会议确定了推进文化创意和设计服务与相关产业融合发展的政策措施：一是加强创意、设计知识产权的保护，健全激励机制，推进产学研用结合，活跃知识产权交易，为保护和鼓励创新、更好实现创意和设计成果价值营造良好环境；二是实施文化创意和设计服务人才扶持计划，支持学历教育与职业培训并举、创意设计与经营管理结合的人才培养新模式，让更多人才脱颖而出；三是以市场为主导，鼓励创意、设计类中小微企业成长，引导民间资本投资文化创意、设计服务领域，设立创意中心、设计中心，放开建筑设计领域外资准入限制；四是突出绿色和节能环保导向，通过完善标准、加大政府采购力度等方式加强引导，推动更多绿色、节能、环保的创意设计转化为产品；五是完善相关扶持政策和金融服务，用好文化产业发展专项资金，促进文化创意和设计服务蓬勃发展。

第五章　创意产业与风险投资

创意产业是在全球化条件下，以进入小康时代人们的精神文化与娱乐消费需求为基础，以高新技术手段为支撑，以网络等最新传播方式为主导，以文化艺术与经济科技的全面结合为自身特征的跨行业、跨部门、跨领域重组或创建的新型产业。它是以创意创新为核心，统摄生产、传播、流通、消费等产业发展全过程的复合概念；是向大众提供文化、艺术、精神、心理、娱乐产品的新兴产业集群。创意产业将成为北京、上海等走向国际化的城市社会文化经济发展的新引擎。

一、创意产业是当今世界发达国家经济文化发展的重要潮流

创意产业是当今世界发达国家经济文化发展的重要潮流。它和"文化经济""内容产业""版权产业""休闲体验产业"等概念相交错，形成了新的产业发展方向和发展模式。创意产业的概念是英国布莱尔政府于1997年提出的。在英国，创意产业是文化产业发展到新阶段的产物，是对英国原有产业的一种创新发展。我国香港、台湾选择创意产业也是社会经济发展到一定阶段

的必然结果，具有产业升级、发展模式创新的意义。

进入新世纪，美国与欧盟各国如德国、荷兰、丹麦，以及澳大利亚、日本、韩国、加拿大、新西兰、新加坡等都致力于加快发展创意产业，形成了全球创意产业蓬勃发展的总体态势。在全球创意产业勃兴的背景下，我国创意产业迎来了发展的新机遇。

我国发展创意产业具有重要意义。发展创新型中国不仅是一个科学技术创新的问题，而且是一个包含了文化创新、内容创新、艺术创新的宏大战略，是我国未来发展的重要组成部分。面对这一重大转型，按照中央部署建设一个全面发展的创新型中国，不仅要大力提高我国的科技创新能力，还要全面提高文化艺术原创能力、内容创新能力和集成融合创新能力。这是我国在全球提高综合竞争力的必然要求，是中华民族全面复兴，构建"文化中国"国家形象的有效路径。因此，借鉴发达国家转型时期的经验，依据我国目前经济持续发展、文化在国家战略中的地位持续提升、文化体制改革进一步推动的现实要求，适时地、有步骤地提出发展创意产业，是建设创新型中国、内容中国、文化中国、创意中国的合理选择，是我国未来发展的主导方向之一。

按照中央对于迈向创新型国家的部署，北京、上海等一些省市提出发展创意产业，这是具有重要意义的战略决策，是发展模式的调整和内生性的经济增长方式的转变。改革开放以来，我国的发展经历了以粗放型、资源型、投资型为主的阶段。随着国内一部分中心城市的高速发展，人民收入不断增加，社会文化需求不断升级,这就带来了新的巨大需求。这种需求要求变革和调整增长方式、供给内容和消费结构。一些省市提出发展创意产业,其核心是增长方式的中心环节的转变、发展观念的转变及发展模式的创新,有利于全面提高我国的发展质量,把经济社会发展切实转入全面协调可持续发展的轨道。

北京、上海发展创意产业,也是适应当代全球城市竞争的重要举措。21世纪,各个国家和地区竞争的重要方式之一是国际化大都市或中心城市之间的竞争。北京、上海发展创意产业,就是自觉选择了一条参与全球国际化大都市高端竞争的发展方式:在全球城市的国际竞争中建立新的基点,重建文化中国的国际形象,进一步打造"文化北京""文化上海"的国际化大都市的高端品牌,将北京、上海建设成世界文化经济之都。我国这些中心城市选择发展创意产业,就是选择了一条经济文化化、文化经济化的高端发展路线,以保证其在未来国际化都市的竞争中,始终具有强大的竞争力和可持续发展的动力。

二、创意经济的缘起

创意经济的先驱是熊彼特。早在1911年,他就明确指出,现代经济发展的根本动力不是资本和劳动力,是创新,而创新的关键就是知识和信息的生产、传播、使用。

熊彼特创始的"创造性破坏"长久以来受到创新者们的青睐。他所倡导的创造性破坏的企业家精神,就是用新技术、新模式对原来市场上存在的商品、组织形态和服务模式进行"破坏"。这个创造性破坏，说到底，就是破坏原有的运行范式，用先进的运行新范式打破原先的旧模式。但这个理论只是抽象地肯定了企业家创造创新的精神，而忽略了生产力中科学技术的"改朝换代"的革命性功能。在熊彼特看来，创造性破坏只能等待"新进入者"发动，最终取代"老家伙"。

美联储前主席格林斯潘曾说："美国的经济，比起其他国家更明显地反映出前哈佛著名教授熊彼特所谓的创造性破坏，它乃是一个持续的过程，新兴的科技赶走了老科技，当使用老科技的生产设备变得陈旧，金融市场即会支持使用新科技的生产方式……这种创造性破坏的过程已明显地在加速。伴随着这种扩大的创新，也反映在资本由老科技往新科技的移动上"。这种"创造性破坏"被认为是新经济得以发展的动力。公司之间的竞争总是围绕提供新的产品和服务展开的，而这个过程是永无止境的，这就会不间断地推动生产力的改革或完善。

三、创意产业的风险性

创意产业的风险性来自创意需求、创意产品、创意人员等四方面的探索。其特征包括：创意需求的不确定性；创意为王与创意产业的精神特质；创意产品的多样性与差异性；纵向区别与横向区别。

需求的不确定性带来创意产业发展的风险。创意产业生产的产品不再是过去时代的基本的物质性产品，而是精神性、文化性、娱乐性、心理性的产品。随着人们生活水平的提高，精神性的产品的需求在总体上日益上升，这是创意产业发展的根本原因。但是对于每一个具体的产品，如电影、电视剧、广告片、动漫、网络游戏来说，这种需求又有很大的不确定性。每一创意产品对于消费者需求来说，存在着时尚潮流、个体嗜好、营销策划、时机选择、社会环境、文化差异、地域特色等多种不确定因素，因而也大大增加了创意产品的风险。

从当代经济发展来看，创意产业无疑是风险产业，对创意产业的投资是一种风险投资。风险投资被认为是当代经济增长的发动机，它以知识创新与高新科技为支持体系，具有可能的高收益、高回报和高增长潜力的特性，但这种高收益也可能遭遇风险。即使是十分成功的好莱坞著名导演，他也无法保证他的电影每一部都能成功。成功与风险并存，这就是创意产业的魅力。

创意产业的精神特质决定了产业发展的风险。当代创意产业的蓬勃发展，使得创意产品供大于求，只有那些吸引眼球和注意力的创意产品才能成为稀缺商品。

创意产业的精神性、流动性、易逝性决定了创意产业的风险性。创意产业的组织结构与交易过程十分复杂，但其核心是创意。创造性是创意产业的生命线。而创意则是可遇而不可求的个人天才、技能与灵感的产物，这就增大了产业的风险。在浪潮化的峰谷之间寻找稍纵即逝的机会，加大了产业的风险。

创意产业的精神性、流动性、易逝性和组织结构与交易过程的复杂性，表明了创意产业必然超越过去时代的产业水平和产业模式，而在一个更高的层次上展开。创意产业既要建立在现代企业制度的构架之上，又要具有自身对文化传承、精神创造和可遇不可求的艺术天才及其灵感的追求。

创意产品的多样性与差异性带来了产业发展的风险。创意产业尽管十分推崇创造者的个人创造力，但它又不同于过去时代的文学家、艺术家在象牙之塔中闭门造车的那种"独创性"，不同于过去时代的艺术作品由艺术家独自完成的情形。当代创意产品必须由创意策划、技术制作、产品营销、管理协调、商品销售等多方合作才能最终完成，它是各方协同的产物。因而，创意产品的创作过程远比一般产品复杂，这就要求创意产品的所有创造投入都要达到一定程度的熟练水平，才能生产出合格的创意产品。这样的创意行为才有经济学家所说的增值生产功能。在这种可增值的生产关系中，"如果要得到具有商业价值的产出，每种生产投入必须到位，且生产行为至少达到精通或是超出精通水平。零的倍数仍然是零。这就是迈克·科米尔所说的关联性生产理论。"[①]

由于创意产业具有文化艺术的特性，因而其风格、基调、艺术特色具有多样性与差异性。创意产品的差异性既包含纵向区别，也包含横向区别。所谓纵向区别，是指产品与产品之间在产

[①] 理查德·E.凯夫斯：《创意产业经济学》，康蓉译，商务印书馆，2017，第7页。

品水平、等级或质量上的区别，它关乎产品的"原创性""技巧性"或艺术水平的评价。用经济学的术语来说，这些创意型的产品在纵向上（或本质上）是有区别的。从根本上说，任何一个产品与其他产品都是不同的，而它们的不同将导致不同的结果。比如在同时播放的电影或电视节目中，一个观众就会选取这一部作品观看，而不是选择那一部。因为在尝试了两个产品之后，买方认为甲种产品比乙种产品好，如果两种产品的销售价格相同，就没有人会买乙种产品。

而横向区别则是指产品在特色上的区别。消费者对同样质量、同样水平的创意产品之间会因为其习惯、偏好而做出选择。"两首歌曲或两部动作片，在消费者看来，其特点和质量可能非常相似，但它们又不完全相同。用经济术语来说，它们具有横向区别。"横向区别激发产品种类的多样性，激发艺术家从各种可能中做出选择，刺激消费者或中间商从一系列真正具有创意性的产品中做出选择。创意产品通常是横向区别与纵向区别的混合体。

正是创意产品具有创意的多样性和差异性，增加了创意企业的风险性。

四、创意产业与风险投资

众所周知，风险投资是指由专业投资人将风险资本投向新兴的、迅速成长的、有巨大竞争潜力的未上市公司（主要是高科技公司），在承担很大风险的基础上为融资人提供长期股权资本和增值服务，培育企业快速成长，数年后通过上市、并购或其他股权转让方式撤出投资并取得高额投资回报的一种投资方式。风险资本一般属于中长期投资，追求高额回报。其起源可以追溯到19世纪末期，当时美国一些私人银行通过对钢铁、石油和铁路等新兴行业进行投资，从而获得了高回报。1946年，美国哈佛大学教授乔治·多威特和一批新英格兰地区的企业家成立了第一家具有现代意义的风险投资公司——美国研究与发展公司，开创了现代风险投资业的先河。但是由于当时条件的限制，风险投资在20世纪50年代以前的发展比较缓慢，真正兴起是从70年代后半期开始的。1973年随着大量小型合伙制风险投资公司的出现，美国风险投资协会宣告成立，为美国风险投资业的蓬勃发展注入了新的活力。

风险投资的基本特征决定了它与创意产业的天然联系：

（1）风险投资作为一种权益投资，着眼点不在于投资对象当前的盈亏，而在于发展前景和资产的增值，以便通过上市或出售达到蜕资并取得高额回报的目的。风险投资是以追求超额利润为主要目的的一种投资行为，投资人并不以在某个行业获得强有力的竞争地位为最终目标，而是把它作为一种实现超额回报的手段，因此风险投资具有较强的财务性投资属性。而创意产业是一种发展前景广阔、资产增值迅速、有可能带来高额回报的新型产业形式，因此成为风险投资极为关注的领域。

（2）风险投资作为一种无担保、有高风险的投资，主要用于支持刚刚起步或尚未起步的高技术企业或高技术产品，它们没有固定资产或资金作为贷款的抵押和担保，因此无法从传统融资渠道获取资金，只能开辟新的渠道。创意产业是文化与高新技术相结合的产物，由于技术不成熟、缺乏管理经验、尚未形成市场、尚无配套政策，因此风险非常大。创意产业发展初期所需资金可能不多，但由于创意产业成功的项目回报率很高，所以能吸引一批投资人进行投资或投机。

（3）风险投资往往是在风险企业初创时就投入资金，流动性较小，是中长期投资，一般需经一段相当长的时间才能通过蜕资取得收益，而且在此期间还要不断地对有成功希望的企业进行增资。创意企业一般都是风险企业，创意企业家往往是某种新技术、新发明、新思路的发明者或拥有者，他们在其发明、创新进行到一定程度时，由于缺乏后续资金而寻求风险投资家的帮助。除了缺乏资金外，创意企业家往往缺乏管理的经验和技能，这也是需要风险投资家提供帮助的。风险投资家是风险投资人的风险资本的运作者，是风险投资流程的中心环节，他的职能是发现有着广阔前景的创意项目的价值，筛选投资项目，决定投资，促进风险企业迅速成长乃至获利，并最终退出，将回报变现。而作为风险企业的创意企业则是未来价值的创造者和实现者。

（4）风险投资是为高度专业化和程序化的创业项目投资。由于投资主要投向高新技术产业，加上投资风险较大，要求创业资本管理者具有很高的专业水准，在项目选择上要高度专业化和程序化，精心组织、安排和挑选，尽可能地锁定投资风险。

目前，我国文创产业处于探索期，其专业化和程序化正在进一步加强。

（5）创意产业对天使投资有很大需求。在风险投资领域，天使投资是初创企业家的第一批投资人，这些投资人在公司产品和业务成型之前就把资金投入进来。天使投资人通常由于对该企业家的创意和能力深信不疑，因而在业务未开展起来之前就向该企业投入大笔资金。

创意产业作为新型的产业，其中大多是新创业的年轻企业。创业者一般有良好的创意、敏锐的眼光和某些核心技术，初期特别希望获得天使资金的支持，以帮助企业迅速启动。除了风险投资公司的三种类型即小企业投资公司、风险投资合伙企业以及大公司所属的风险投资组织之外，一些国家和地区的政府或某些相关机构为推动创意产业的发展，也设立了若干创意产业先导资金和优惠条件，以支持新创业的年轻企业迅速发展。

我国创意产业的发展正处于初期起步阶段，多数创意企业迫切需要种子资本（Seed Capital）和导入资本（Import Capital）。种子资本主要是支持那些处于产品开发阶段的新创业企业，为其提供小笔融资。由于这类企业往往在较长一段时期内（一年以上）都难以提供具有商业前景的产品，所以投资风险极大。对种子资本具有强烈需求的往往是一些高新科技公司，如IT、动漫、游戏、网络、软件公司。它们在产品明确成型和得到市场认可前的数年里，便需要定期注入资金，以支持其研究和开发。尽管这类投资的回报可能很高，但绝大多数商业风险投资公司都避而远之，原因有三：对投资项目的评估需要相当的专业化知识；由于产品市场前景的不确定性，导致这类投资风险太大；风险投资公司进一步获得投资人的资本承诺困难较大。

创意企业也需要导入资本。具有较明确的市场前景的创意企业，由于资金短缺而寻求导入资本，以支持企业的产品批量试生产和市场试销。但是由于技术风险和市场风险的存在，创意企业很难激发风险投资家的投资热情，这是因为创意企业在发展初期一般都规模较小，抵御市场风险的能力也相对较弱，即便经过几年的显著增长，也未必能达到在股票市场上市的标准。对导入资本的需求也很小，很难形成规模效应。这意味着风险投资家可能不得不为此承担一笔长期的、无流动性的资产，并由此受到投资人要求得到回报的压力。风险资本更钟情于具有一定规模的创意企业。虽然从交易成本（包括法律咨询成本、会计成本等）角度考虑，投资较大公司比投资较小公司更具有投资的规模效应，但拥有优秀创意和高新技术的创意企业往往能通过启动资本获得跨越式发展。

（6）进入发展期的创意企业将需要更多的发展资本和风险并购资本。发展资本在创意企业扩张期具有重要作用。这种形式的投资将成为未来创意产业风险投资的主要趋势。在我国，发展资本正在进入创意产业的一些成功的企业。发展资本的重要作用就在于协助企业突破杠杆比率和再投资利润的限制，巩固企业在行业中的地位，为它们进一步在公开资本市场获得权益融资打下基础。尽管该阶段风险投资的回报并不太高，但对于风险投资家而言，却具有很大的吸引力，原因就在于所投资的风险企业已经进入成熟期，包括市场风险、技术风险和管理风险在内的各种风险已经大大降低，企业能够提供一个相对稳定和可预见的现金流，而且，企业管理层也具备良好的业绩记录，可以减少风险投资家对风险企业的介入所带来的成本。风险并购资本是我国创意产业中有为数较少的企业，主要是一些网络内容企业，如大型门户网站和网络游戏企业，已成长为较为成熟的、规模较大和具有巨大市场潜力的企业。与一般杠杆并购的区别就在于，风险并购的资金不是来源于银行贷款或发行债券，而是来源于风险投资基金，即收购方通过融入风险资本，来购并目标公司的产权。创意产业中还有一些企业，如国际新闻传播业、电影电视业、书刊出版业等都有风险并购资本在其中发挥重要作用。

第六章　互联网思维？科技革命时代的范式变革

当前，关于国内外互联网思维的观点蜂拥而起、百家争鸣。肯定者有之，反对者有之，阐扬者有之，批评者有之。互联网思维并不局限于互联网产品、互联网企业，而是对全生态重新审视的思考方式。

习近平总书记指出：要强化互联网思维，坚持传统媒体和新兴媒体优势互补、一体发展，坚持以先进技术为支撑、内容建设为根本，推动传统媒体和新兴媒体在内容、渠道、平台、经营、管理等方面的深度融合，着力打造一批形态多样、手段先进、具有竞争力的新型主流媒体，建成几家拥有强大实力和传播力、公信力、影响力的新型媒体集团，形成立体多样、融合发展的现代传播体系。

那么，什么是互联网思维？

互联网思维是当前社会和学界共同关注的重要理论和实践课题。本章认为互联网思维是第三次工业革命的先导理念，是当代高科技与文化创意跨界融合实践的新思维方式，是科技革命中范式转换的必然成果。它拥有自身独特的性质与运作方式，在现代科技的条件下重新从哲学上阐释了一切社会生活中的普遍联系的最高准则。它预示着，一种更新的思维方式的酝酿与形成，将带给未来社会更为巨大的变革。因此，搞清互联网思维的内涵和外延，是当前我国社会和学术界共同关注的重要理论和实践课题。

一、互联网思维是第三次工业革命的先导理念

每一个时代总是以当时生产力的发展水平为标志的，特别是先进工具的发明和创造而引发的全面变革。两次工业革命都是这样的，以互联网等高新科技为代表的第三次工业革命更是无可争议地验证着这一原理。杰里米·里夫金在其著作《第三次工业革命：新经济模式如何改变世界》①中提出：第一次工业革命使19世纪的世界发生了翻天覆地的变化；第二次工业革命为20世纪的人们开创了新的世界；第三次工业革命同样将在21世纪从根本上改变人们的生活和工作。

人们正处于第二次工业革命和石油世纪的最后阶段。这是一个令人难以接受的严峻现实，因为这一现实将迫使人类迅速寻找一个全新的能源体制和工业模式。否则，人类文明就有消失的危险。

历史上数次重大的经济革命都是在新的通信技术和能源系统

---

① 杰里米·里夫金：《第三次工业革命：新经济模式如何改变世界》，张体伟、孙豫宁译，中信出版社，2012。

结合之际发生的。互联网技术和可再生能源的新世纪，新的通信技术和能源系统结合将再次出现。

综观当下世界，电子计算机的发明、各种"人—机控制系统"的形成、3A革命（生产的自动化、办公的自动化和家庭生活的自动化）的来临，特别是信息时代全球信息的联通与共享，是人类历史上一次深刻而伟大的科学技术革命。它将推动以自动化为主要标志的第三次工业革命。它对人类历史发展的影响将远远超越第一次和第二次工业革命。

另一位十余年潜心研究数据科学的权威数据科学家，《大数据时代》的作者维克托·迈尔-舍恩伯格，最早洞见大数据时代人类社会科学和信息发展的大趋势。[1]作为最受人尊敬的权威发言人之一，他曾先后任教于世界最著名的几大互联网研究学府，现任牛津大学网络学院互联网治理与监管专业教授，曾任哈佛大学肯尼迪学院信息监管科研项目负责人、哈佛国家电子商务研究中心网络监管项目负责人。他指出，大数据带来的信息风暴正在变革人们的生活、工作和思维，它开启了一次重大的时代转型，大数据时代的变革首先是思维变革，继而影响商业变革和管理变革。

维克托最具洞见之处在于，他明确指出，大数据时代最大的转变就是放弃对因果关系的渴求，取而代之关注相关关系。也就

---

[1] 维克托·迈尔-舍恩伯格、肯尼思·库克耶：《大数据时代》，盛杨燕、周涛译，浙江人民出版社，2013。

是说只用知道"是什么",而不需要知道"为什么"。这就颠覆了千百年来人类的思维惯性,对人类的认知和与世界交流的方式提出了全新的挑战。他认为大数据的核心就是预测,这将为人类的生活创造前所未有的可量化的维度。大数据已经成为新发明和新服务的源泉,而更多的改变将一触即发。他在书中展示了谷歌、微软、亚马逊、IBM、苹果、Facebook、Twitter、VISA等大数据先锋们最具价值的应用案例。

从另一个角度看,生产力和生产工具的革命,实际上彰显了创造和掌握这些工具的人的思维的超前。也就是说,只有那些在互联网革命中敢于创新、敢于试错的先知先觉者,才能创造奇迹,书写历史。

二、互联网思维是当代高科技与文化创意跨界融合的新创造

与英国工业革命以来的产业、行业和学科细分的大趋势不同,当代社会最重大的变革是高新科技背景下的产业融合与学术融合。从哲学思维的角度讲,21世纪以来最重要的思维变革之一是跨界思维。首先是跨越产业、行业,其次是跨越技术、方式,最后推动了跨越知识、跨越学科边界的新业态。

跨界融合是第二产业与第三产业的融合。是第三产业内部各行业之间的融合,是文化与科技的融合,是文化产业与金融(投融资)的融合,是传统媒体与新媒体的融合,是线上与线下的融

合，也是全球化与本土化的融合。当然也是相关学科之间的融合，如人文学科、社会学科与经济学科的融合，文化产业与政治学、艺术学、美学、伦理学、管理学、商品学、消费学的融合。

2014年2月，国务院发布10号文件《关于推进文化创意和设计服务与相关产业融合发展的若干意见》。文件明确指出：随着我国新型工业化、信息化、城镇化和农业现代化进程的加快，文化创意和设计服务已贯穿在经济社会各领域、各行业，呈现出多领域交互融合态势。文件明确了促进我国文化创意产业跨界融合的总体方向：统筹各类资源，加强协调配合，着力推进文化软件服务、建筑设计服务、专业设计服务、广告服务等文化创意和设计服务与装备制造业、消费品工业、建筑业、信息业、旅游业、农业、体育产业等重点领域融合发展。

正是在互联网高度发展的条件下，有了跨界融合思维的飞跃，文化创意产业才能突破原有藩篱，跨越领域与部门边界，成为支撑第二产业甚至农业升级换代的重要推动力量，也是提升文创产业中低端形态向高端形态升级的动力源。

O2O电子商务是互联网跨界融合思维的重要实践。O2O电子商务即Online（线上网店）到Offline（线下消费）。商家通过免费开网店将商家信息、商品信息等展现给消费者，消费者通过线上筛选、线下比较、体验后有选择地消费，在线下进行支付。这样既能极大地满足消费者个性化的需求，也节省了消费者到线下商店的时间。商家通过网店将信息传播得更快、更远、更广，可以瞬间聚集强大的消费能力。该模式的主要特点是商家和消费者都通过O2O电子商务满足了自身的需要。

其实跨界融合的思潮自世纪之交以来，已多有萌芽，且渐成大势。朱丽·汤普森·克莱恩在其总汇型的著作《跨越边界——知识 学科 学科互涉》中详细描述了跨越边界与边界作业的情形。书中回顾了美国的创新发展："从科技领域看，美国物理勘查委员会总结道，最近几十年来，几乎所有的重大研究进展都发生在已有领域之间的'学科互涉边界地带'。"最突出的成果包括获得巨大成功的计算机相关科学的发展。[1]

20世纪80年代，以跨界融合为目标的"学科互涉"在美国科学技术创新中获得高度认可。当时美国经济滑坡，加强了对知识与发明在学科、产业、政府边界之间流动的需求。经济压力以及科学研究的趋势，使学科互涉成为美国科技政策争论中新的关键词。1988年，美国自然科学学会的西格玛·西出版了《摈除边界：跨学科研究视角》一书，全面推动学科的跨界融合。这些研究推动了美国国会、联邦政府执行部门、基金署和咨询机构对学科互涉的认可。[2]

近年来，跨界思维更是在实践中受到关注。如巴菲特的合伙人查理·芒格，就一直推崇跨界思维。他认为跨界思维是一种"普世智慧"。他将跨界思维誉为"锤子"，而将创新研究比作

---

[1] 朱丽·汤普森·克莱恩：《跨越边界——知识 学科 学科互涉》，姜智芹译，南京大学出版社，2005。

[2] 同上书，第229页。

"钉子",认为"对于一个拿着锤子的人来说,所有的问题看起来像一个钉子"。有了跨界思维的"锤子",人们就会立刻砸向现实中不同产业行业的壁垒,在更宽广的视野中寻找能够链接的思维灵感。

三、互联网思维是科技革命中范式转换的必然成果

世界上任何一次伟大的变革,都是在突变的发展范式的巨大转折中实现的。科学哲学家托马斯·库恩在《科学革命的结构(第四版)》中描述了这一过程。[①]

范式,英文为Paradigm。该词出于希腊文,含有"共同显示"之意,由此引出模式、模型、范例等义。库恩认为,任何一种常规科学都是一种模式,"这是任何一个科学部门达到成熟的标志"。库恩所说的范式,是指特定的科学共同体从事某一类科学活动时所共同掌握并必须遵守的一般原理、模型和范例。它包括四方面要素。①范式是一定时期内科学共同体看问题的方式,包括思维原则、方法论和价值观。②范式是科学共同体一致接受的某一专业学科的基本理论和取得的重大科学成就,包括可以进行逻辑和数学演算的符号概括系统。不同的学科部门各有自己的范式,每一学科在发展的不同阶段,也会有不同的范式。③科学共同体拥有的仪器设备和操作运行方式。④每一范式均拥有自

[①] 托马斯·库恩:《科学革命的结构(第四版)》,金吾伦、胡新和译,北京大学出版社,2012。

己的范例,是根据公认的科学成就做出的典型的具体题解。每一科学共同体成员必须通过范例的学习,才能掌握范式,学会解决同类问题的方法。

按照库恩的科学革命理论,在某一范式指导下的常规科学发展后期,科学研究中不断发现和揭示出"意料之外的新现象"。这些新的发明和新的理论与实践成果,已无法纳入原有的思维范式之中。原范式在创新变革的实践中已十分不适用,失去了惯常的指导地位,这就形成了"反常","反常"逐渐积累,增大到一定程度便发生科学范式的"危机"。正是在这种危机中,现实实践催生的新思维、新概念、新范式就会应运而生。

按照库恩的科学革命理论,科学技术的发展,遵循这样一条规律:前科学时期—形成范式—常规运行阶段—反常—危机(非常态)时期—范式变革转换(新范式取代旧范式)—新常规运行时期……

在常规的科学范式运作时期,发展科学技术是科学共同体在既定范式指导下进行的"解难题的活动",是一种"高度确定的"肯定有解的活动。两次工业革命的实践特别是制造业的实践,都证实了这一规律。它的特点是在长期不变的思维与工作模式下生产定型产品,在流水线上进行重复的简单劳动。

而今天人们所处的时期,是受第三次工业革命影响的范式转换与变革的时期。这是一个非常态运营的时期,各种新鲜的、独特的、前所未有的设计,不断变换的创意、策划,特别是整体思维方式的变革,作为整合传统范式的新范式预备形态,历史性地出场了。

显然,第三次科技革命不仅带来了物的现代化,引起劳动方式和生活方式的变革,而且随着云计算、云应用、电子商务、物联网、大数据、智慧城市、虚拟技术和3D打印技术的发明和应用,全新的生产方式、产业形态、商业模式和管理模式也应运而生。

与之相适应,第三次科技革命将改变人类的存在方式和生活方式,从而改变人类的观念、思维方式和行为方式。

互联网思维就是在这种变革的时代产生的,它是科学革命的必然成果,更是人类生存方式、生活方式变革的必然产物。它是在新的历史条件下,以企业家为主的群体依照现实实践对市场进行变革,对新业态、新产业链、企业价值以及服务对象进行总结和重新审视的结果。

在未来,新技术革命引发的大规模变革结束后,人类科技将进入一个相对稳定的常态运营时期,新的主导范式会更加具有确定性和稳固性,那就是另一个时代的开始。

四、思维的变革是更为根本的变革

如前所述,范式,是指特定的科学共同体从事某一类科学活动所共同掌握并必须遵守的一般原理、模型和范例。作为一种人类文化科技发展的新范式,互联网思维是一种互联网时代的新价值观、新世界观。

与传统的哲学思维、科技思维、产业思维和商业思维不同，互联网思维有自身的特点。360的周鸿祎提出了互联网思维的几个关键词——用户至上、体验为王、互联网赚钱的三种模式，小米的雷军提出了互联网思维七字诀——专注、极致、口碑、快。①

国内首家以互联网思维进行创意交易改革的平台——创成在线的CEO陈建雄在总结众多运用互联网思维成功的企业经验的基础上，提出了互联网思维的七大特征，如下：

第一，快速的反应能力。运用互联网思维的企业，一个显著特征就是快。快主要表现在决策要快、产品推出要快、行动要快、产品迭代要快、创新速度要快、变革要快和具有快速的市场反应能力。

第二，极致的用户体验。在互联网时代，用户在供求关系中成为主导者。成功运用互联网思维的企业，无不是为客户提供超过客户期望的产品或服务，无不是为客户提供完美的客户体验，客户体验成为企业市场制胜的决定性因素。星巴克就是为客户提供良好体验从而将竞争对手远远抛在身后。

第三，运用平台思维。经济发展的最高境界，不是做产品，

---

① 雷军提出了互联网思维七字诀：专注、极致、口碑、快。1.专注，少就是多，大道至简——只做一个手机：小米手机。2.极致，做到自己能力的极限：小米创业第一次就做了全球首款双核1.5G的高端WCDMA智能手机。3.口碑，超越用户预期，米粉口口相传。4.快，天下武功，唯快不破：MIUI坚持每周迭代。

不是重质量，也不是搞标准，而是打造平台。运用互联网思维最鲜明的特征是必须运用平台，通过平台规则、平台运营机制的创新，聚合双边或多边市场，打造有关利益方共赢的商业生态圈，实现平台模式的变革。

第四，具有创新精神。创新是互联网的精髓、灵魂，是企业持续发展的核心动力，也是互联网思维的重要内容。创新思维不仅仅是产品创新、技术创新，还包括商业模式创新、平台模式创新、服务模式创新、盈利模式创新、机制创新、文化创新和运营模式创新，而更重要的是观念创新。

第五，免费的商业模式。互联网思维首先强调的不是收入，而是用户规模和用户流量（如页面浏览量等），没有规模和流量的商业模式难以成功。因为互联网应用若要收费，用户就会去找同质化的免费产品，免费模式是众多互联网公司成功的关键。

第六，坚持开放性。开放是互联网经济的重要特征。运用互联网思维的企业都具有开放性，不仅对内部全员开放，更重要的是对外部开放。开放的最终目的就是有效整合内外部资源，打造良好的生态环境，提高企业的竞争力。

第七，比别人更专注。专注是运用互联网思维企业的一大特征[①]，也是企业成功的关键要素。互联网是一个蓬勃发展的行业，

---

① 中国电信上海研究院的胡世良概括了互联网思维的十大特征：第一，有强烈的危机感；第二，快速；第三，客户至上；第四，追求极致的客户体验；第五，平台思维；第六，创新精神；第七，坚持开放性；第八，免费的商业模式；第九，专注精神；第十，组织更加敏捷、灵活。

孕育着无限商机。没有一个企业能满足所有的需求，在自己细分的领域做到比别人更专注，才能有所成就。

房地产行业也选出了他们关注的互联网思维关键词。[①]赵大伟总结的互联网九大思维二十条法则如下：

（1）用户思维。

法则一，得用户者得天下。

法则二，兜售参与感。

法则三，用户体验至上。

（2）简约思维（对产品规划、产品设计的理解）。

法则四，专注、少即多。

法则五，简约即是美。

（3）极致思维（对产品与服务、用户体验的理解）。

法则六，打造让用户尖叫的产品。

[①] 房地产行业也选出了他们关注的互联网思维关键词。第一，用户至上。互联网上的很多东西都不要钱，还把质量做得特别好，甚至倒贴钱欢迎人们去用，崇尚的是"用户是上帝"，即只要用该公司的互联网产品或服务，那就是上帝。第二，颠覆式创新。颠覆式创新是指把一个过去很复杂的事变得很简单或者把原来很贵的东西的成本降得特别低，甚至能把原来收费的东西变得免费，如淘宝、微信、360等。第三，体验为王。互联网时代，消费者变得越来越有主动权和话语权，今天所有的产品高度同质化，胜出的决定要素就是用户体验。如果你的产品或者服务做得好到超出用户的预期，消费者也会愿意免费为你做广告。第四，定制。私人定制，顾客可在手机上随时随地订阅喜欢的品牌、商品，做到一人一店；而且摇一摇手机可以获得各种优惠券，实现了在线一对一导购服务。第五，免费。互联网经济首先强调的是如何获取用户，其商业模式有电子商务、广告和增值服务，但这三种模式都基于"巨大并且免费的客户群"这样一个前提，这样才能产生足够的收入。第六，利益体。互联网思维代表了三种不同的利益体，从消费者、商家、开发商的角度来说，分别是主权思维、全渠道思维和流量思维。

法则七，服务即营销。

（4）迭代思维（对创新流程的理解）。

法则八，小处着眼、微创新。

法则九，精益创业、迅速迭代。

（5）流量思维（对经营模式的理解）。

法则十，免费是为了更好地收费。

法则十一，坚持到质变的"临界点"。

（6）社会化思维（对关系链、传播链的理解）。

法则十二，利用社会化媒体，口碑营销。

法则十三，利用社会化网络，众包协作。

（7）大数据思维（对企业资产、竞争力的理解）。

法则十四，数据资产成为关键竞争力。

法则十五，用户不是一类人，而是每个人。

（8）平台思维（对商业模式、组织形态的理解）。

法则十六，打造多方共赢的生态圈。

法则十七，善用现有平台。

法则十八，把企业打造成员工的平台。

（9）跨界思维（对产业边界、产业链的理解）。

法则十九，占领市场，引领潮流，倒逼改革。

法则二十，用互联网思维，大胆颠覆式创新。

这些对互联网思维的总结都有其独到之处，也触及了互联网的"内部神经"。这些概括和总结大多从产业、企业的运营出发，有其自身切入的角度。但互联网思维并不是简单的技术思维、电商思维或营销思维，而是远远超越操作层面的思想方式。严格地说，思维是形而上的概念，是在表象、概念的基础上进行更高级分析、判断、综合、推理的认识活动，具有哲学体系和方法论的意义。而以上相关的"互联网思维"则更多的是商业运行的思路、方法、规范与途径。比如用户思维、迭代思维、流量思维，就是操作性层级的思考或工作方式；平台思维与跨界思维，就是较高一级的商业战略或策略层级的谋略性考虑；而社会化思维、大数据思维则是将影响世界的综合性社会政治经济大思维框架。相比较，简约思维、极致思维倒很有哲学和方法论的思维的高度。

互联网思维是广泛联系、沟通时代的新思维，它相对先前思维的最重要的特征就是互联互通。互联网思维之所以可以上升为"思维"，就是因为它在现实科技发展的条件下重新阐释了哲学上一切社会生活中的普遍联系的最高准则。由于人类连接在一个巨大的社会网络上，因而跨界思维就成为范式革命时期最有力的"锤子"。雷军道出了小米成功的最大秘密：小米销售的是参与感。这就是生产者与消费者的角色转换和互联互通的实践案例。互联互通背后是利益共享共赢，因为互联网思维连接并融合三种不同的利益体。

互联网思维是"创新革命"的思维。开创性、颠覆性创新，是互联网时代的首要原则。创意为王，所谓"在互联网时代，哪怕做一个错误的决定,也比不做决定要好"。互联网思维的迭代思维,就是讲互联网时代的产品每时每刻都在更新换代,每年迭代、每季迭代、每月迭代,甚至每周迭代。

互联网思维是大数据思维。大数据时代最大的转变是放弃对因果关系的渴求,这带来了观察和分析事物的视野扩张与视角变化。相对于传统互联网系统数据,大数据强调了数据的外部性和实时性。这两个特性也使得基于社会现实的分析而不是抽样、选本成为可能。

大数据带来了一系列思维的变化:①不是随机样本,而是全体数据;②不是精确性,而是混杂性,尤其是大数据的简单算法比小数据的复杂算法有效;③不是因果关系,而是相互关系。这些是维克托·迈尔-舍恩伯格在《大数据时代》中最大的洞见。

互联网企业的大数据思维源于对企业资产、竞争力的理解:在未来的互联网发展中,数据资产将成为关键竞争力。谁拥有或运用更多数据,谁就拥有更大资本、资源、资产。数据就是互联网轻资产中最重要的资产。

互联网思维是商业民主化时代的产物,是市场化时代消费为王、用户至上的思维。所以,用户思维被放到互联网思维的首位,展示了一个商业民主化时代的商业运营的新特点。用户思维如下:精准的对象选择与设置,如"得用户者得天下";全新的服务意识,如小米追求"米粉"的极致体验,它的产品设计目标为让用户尖叫;特别是免费的商业思维,真正颠覆千百年以来商业"一手钱,一手货"的"铁律"。

审视国内外大型的互联网公司,人们会发现,它们的出发点都是服务网民。它们的存在,就是为了给广大网民提供最新、最快、最全的信息:google、百度等的诞生是为了让网民能够更快地检索到自己希望了解的信息;腾讯的强大,是始于它为网友提供了一个可以更加方便交流的工具;淘宝的强大,同样是因为它为商品的流通提供了一个更加便捷的方式;还有Facebook,它最初的诞生也只不过是为了给校友们提供一个交流的平台。从这些互联网公司的诞生和发展中,人们能够很清晰地看到,它们始终都是以"为网民提供最佳服务"为宗旨的。

这些思维特点无疑是当下范式变革时代实践的产物,如大家都有共识的"比快"思维。"天下武功,唯快不破",几乎所有的互联网行业都遵奉这一圭臬。这是因为范式转换时期,各种不同的预备范式大量涌现,思维的超前性和行动的迅捷性在时间上具有影响整体发展趋势和占领市场制高点的多重意义。

当然也不绝对,丁磊就认为"快"不是特别重要的互联网思维,他的经验是以慢制胜。他透露,现在网易利润已超小米、360、京东利润之和。他做产品的思路是后来居上。但是毋庸讳言,互联网时代,产品出来慢就没机会了,如当年丁磊在QQ之后做的网易泡泡就失败了。后来做易信,要与微信抗衡,也很难有奇迹。

对互联网思维的认识也存在误区。一种误区是,互联网思维一定是依托于互联网才发生的，是一定发生于互联网之中的。如前所述，一旦互联网思维上升为一种思维形态，一种影响时代的科学范式，它就具有一种普遍的认识论意义，就会对所处时代的经济、政治、文化、社会实践提供一种全新的阐释，并发生重大影响。比如，当今正在蓬勃兴起的能源互联网、智能交通互联网以及智慧城市，就是互联网思维运用的广阔领域和实践案例。

第七章 创意新特征："互联网+"时代文化科技创新

如果说前一阶段我们特别关注第三次工业革命，强调互联网思维、3D打印，那么现在风靡全国的"互联网+"就是新的里程碑。

2015年3月5日，在第十二届全国人民代表大会第三次会议上，国务院总理李克强在政府工作报告中首次提出"互联网+"行动计划。2015年7月，国务院印发《关于积极推进"互联网+"行动的指导意见》。2015年10月29日，中国共产党第十八届中央委员会第五次全体会议指出：实施网络强国战略，实施"互联网+"行动计划，发展分享经济，实施国家大数据战略。"互联网+"实际上是创新2.0下的互联网发展新形态、新业态，是知识社会创新2.0推动下的互联网形态演进。新一代信息技术发展催生了创新2.0，而创新2.0重塑了物联网、云计算、社会计算、大数据等新一代信息技术的新形态，促进了互联网行业市场规模的快速提升，也开创了我国文化创意产业新的发展方向、新的可进入领域和新的发展方法与路径。

那么，互联网新技术究竟带来了什么样的变化？在"互联网+"的最新态势下，文化创意产业如何发展？进一步升级换代的背景和环境是什么？它是如何实现行业跨越、地域跨越、部门跨越和所有制跨越的？

新技术改变了社会、经济、文化、生态，甚至改变了人类的生存方式，可以把它概括为"大、智、云、移、自""小、微、新、酷、融"。所谓社会发展的"大、智、云、移、自"，是指大数据、人工智能与智慧城市、云计算、移动网、自媒体。所谓运营方式的"小、微、新、酷、融"，是指小企业、微方式、新业态、酷特色、融思维。

一、新技术：大数据时代的新变革

过去已经有数据库，现在为什么还要搞大数据？什么是大数据？大数据和过去的不同在哪里？

当今世界正在进入大数据时代，数据的作用前所未有地凸显，成为国家竞争的前沿、企业创新的来源。大数据是以容量大、类型多、存取速度快、应用价值高为主要特征的数据集合，正快速发展为对数量巨大、来源分散、格式多样的数据进行采集、存储和关联分析，从中发现新知识、创造新价值、提升新能力，成为新一代互联网信息技术和服务业态。

处于世界经济发展前沿、信息技术创新前列的国家，将大数据看作"未来的新石油"。大数据应用最经典的案例如下：奥巴马及其团队创新性地将大数据应用到竞选活动中,通过对近两年收集、存储的海量数据进行分析挖掘,寻找和锁定潜在的己方选民,运用数字化策略定位拉拢中间派选民及筹集选举资金,成为将大数据价值与魅力发挥到极致的典型。

2012年3月29日,奥巴马政府宣布启动《大数据研究和发展计划》,同时组建"大数据高级指导小组",涉及美国国家科学基金、国家卫生研究院、能源部、国防部等6个联邦政府部门,并宣布将启动2亿美元的投资计划,提高从大量数据中收集发现信息的技术水平。这使得美国成为全球首个将大数据从商业行为上升到国家意志和国家战略的国家。

作为大数据的先锋国家,美国做了什么?首先,它以大数据应用来判断未来发展的大趋势,以确定国家发展的长远战略。在具体运用上,利用大数据支持政务活动,如公共政策、舆情监控、犯罪预测、反恐等的开展,推动政府管理方式变革和管理能力提升。其次,以大数据应用增强社会服务能力。美国的Facebook推特、谷歌等积累了海量历史数据,并在不断产生新的数据。美国的人口、交通、医疗等公共事业部门通过对这些新媒体数据的挖掘,实现了对人口流动、交通拥堵、传染病蔓延等情况的实时分析。最后,目前大数据应用的实践主要发生在商业领域。美国商业企业运用大数据进行决策,如沃尔玛、可口可乐等企业借助数据分析掌握消费者习惯,从而制定针对性的营销策略,成为大数据应用的早期获益者。最为人所乐道的案例之一就是沃尔玛通过分析挖掘销售数据,发现并实施了"啤酒+尿布"的营销策略。除上述行业外,医疗卫生、交通物流、金融等领域的机构和企业,都在逐步发现大数据的价值,加入应用大数据的行列。

在中国,大数据是重要的国家战略。在大数据时代,可以通过利用大数据对海量、动态、高增长、多元化、多样化数据的高速处理,快速获得有价值的信息,提高公共决策能力。习近平指出:"网络信息是跨国界流动的,信息流引领技术流、资金流、人才流,信息资源日益成为重要生产要素和社会财富,信息掌握的多寡成国家软实力和竞争力的重要标志。"未来国家层面的竞争将部分体现为一国拥有数据的规模、流动性以及解释、运用数据的能力。数字主权将成为另一个大国博弈的空间。

大数据将改变国家治理的架构和模式。习近平总书记着眼于国家治理的大战略,强调,大数据不仅是一场技术和产业革命,也将带来国家治理的深刻变革。运用大数据提升国家治理现代化水平,是新的治理课题。从建立健全大数据辅助科学决策和社会治理的机制,到保障国家数据安全,打破信息壁垒、推动信息共享,再到利用大数据平台形成社会治理合力,用好大数据这把利器,将有力提升治理的科学化、精准化、高效化水平,增强大数据服务经济社会发展、防范化解风险的能力。"工欲善其事,必先利其器"。善于获取数据、分析数据、运用数据,是领导干部做好工作的基本功。懂得大数据,用好大数据,增强利用数据推进各项工作的本领，已经成为新时代领导干部的必修课。让大数据更好地服务社会、造福民众，就能不断满足人民对美好生活的向往。

2019年，国务院总理李克强作政府工作报告时进一步提出，要加快新兴产业发展，深化大数据、人工智能等的研发应用，培育新一代信息技术、高端装备、生物医药、新能源汽车、新材料等新兴产业集群，壮大数字经济。

在未来的国际竞争中，最稀缺的人才是大数据分析师、大数据管理师等。按照时下的命名方式，可将其命名为"数客"。现代人都生活在网络中，凡是网络能覆盖的地方，大数据技术就能够把各种各样零散的信息通过数据的方式搜集到一起。过去，作为领导，都是先听下属汇报工作，了解各种各样的资料和情况，再来做决策。现在情况不同了，大数据收集的是无因果关系的数据，更多看似没有密切关联的信息也会被集中起来。目前，美国娱乐产业就以大数据技术为新的营销策略，以网络为依托，通过搜索、联络、互动、交易，实现对目标客户的数据抓取、分析，并撰写客户特征，从而为电视台、电影公司、广告商提供最优的项目和营销方案。

2015年8月31日，国务院发布《促进大数据发展行动纲要》。纲要提出：大数据成为推动经济转型发展的新动力。数据流引领技术流、物质流、资金流、人才流，将深刻影响社会分工协作的组织模式，促进生产组织方式的集约和创新；大数据成为重塑国家竞争优势的新机遇。在全球信息化快速发展的大背景下,大数据已成为国家重要的基础性战略资源,正引领新一轮科技创新;大数据成为提升政府治理能力的新途径。大数据应用能够揭示传统技术方式难以展现的关联关系,推动政府数据开放共享,促进社会事业数据融合和资源整合,将极大提升政府整体数据分析能力,为有效处理复杂社会问题提供新的手段。目前,对于文化创意产业来说,重心首先是互联网时代的数字转型,大数据在文化金融、内容产业与文化消费方面将发挥重要作用。

二、新环境:人工智能的大推力与智慧城市的大格局

"智"的内容包含两个:人工智能和智慧城市。这是我国产业形态升级换代的新基础、新环境。

国家高度重视人工智能的技术进步与产业发展,人工智能已上升为国家战略。在2019年3月举行的第十三届全国人民代表大会第二次会议上,人工智能继2017年和2018年之后,第三年出现在政府工作报告中。2019年,政府工作报告将人工智能升级为"智能+"。国务院总理李克强作政府工作报告时称,要打造工业互联网平台,拓展"智能+",为制造业转型升级赋能。这是继"互联网+"被写入政府工作报告之后,又一个被写入报告中的科技名词。作为国家战略的人工智能正在逐渐与产业融合,加速经济结构优化升级,对人们的生产和生活方式产生深远的影响。

人们对人工智能的理解是从人机对弈开始的。1997年5月11

日，美国IBM公司生产的一台有32个"大脑"（微处理器）的超级国际象棋电脑深蓝（Deep Blue）击败了国际象棋世界冠军加里·卡斯帕罗夫。它每秒钟可以计算2亿步，专门用以分析国际象棋。人工智能在国内影响更大的是汽车、地铁的无人驾驶、人脸识别、机器创作古典诗词、机器创作绘画作品等。已经呈现出极为震撼的成就。

人工智能（Artificial Intelligence），英文缩写为AI。它是研究、开发用于模拟、延伸和扩展人的智能的理论、方法、技术及应用系统的一门新的技术科学。该领域较早的定义，是由约翰·麦卡锡在1956年的达特茅斯会议上提出的：人工智能就是要让机器的行为看起来就像是人所表现出的智能行为一样。即机器"像人一样思考""像人一样行动""理性地思考"和"理性地行动"。

面对全球澎湃的人工智能大潮，我国迅速推进人工智能发展的势头。2019年5月21日，全国首个人工智能创新应用先导区在上海启动建设，将面向制造、医疗、交通、金融等先行领域，建设一批新一代人工智能产业创新应用的试验场，不断释放人工智能新技术、新产品的赋能效应。

为加快推动人工智能创新发展与成果应用，支持上海打造"智能+"产业高地，由工信部批复的上海（浦东新区）人工智能创新应用先导区，将在人工智能产业布局、基础设施建设、标准体系构建、知识产权交易等方面积极探索，尽快完成三大任务：①打造人工智能核心产业集群；②推动人工智能创新应用；③建设人工智能创新支撑体系。近年来，上海实施"智能上海（AI@SH）"行动，通过举办世界人工智能大会，支持人工智能优秀企业、人才团队、创新项目等在上海落地，大力推动人工智能产业创新发展。

中国的人工智能平台建设力度加大、速度加快。2019年8月29日，在"2019世界人工智能大会"上，第二批"国家新一代人工智能开放创新平台"名单发布，人工智能"国家队"从5家扩充到15家，推动利用人工智能技术引领我国经济升级换代，实现新旧动能转换。百度、阿里云、腾讯、科大讯飞、商汤集团5家公司此前已入选。第二批人工智能开放创新平台及其作用如下：依托依图公司建设视觉计算人工智能开放创新平台、依托明略科技建设智能营销人工智能开放创新平台、依托华为公司建设基础软硬件人工智能开放创新平台、依托中国平安建设普惠金融人工智能开放创新平台、依托海康威视建设视频感知人工智能开放创新平台、依托京东集团建设智能供应链人工智能开放创新平台、依托旷视科技建设图像感知人工智能开放创新平台、依托360公司建设安全大脑人工智能开放创新平台、依托好未来公司建设智慧教育人工智能开放创新平台、依托小米公司建设智能家居人工智能开放创新平台。

中国人工智能的自主核心技术获得突破。2019年8月，华为在深圳总部发布具有超高算力的AI处理器Ascend 910（昇腾

910），其最大功耗为310W。华为自研的达·芬奇架构大幅提升了其能效比，8位整数精度（INT8）下的性能达到512 TOPS，16位浮点数（FP16）下的性能达到256 TFLOPS。2019年，在杭州云栖大会上，阿里巴巴旗下的平头哥半导体有限公司发布全球最强推理AI芯片——含光800。在业界标准的ResNet-50测试中，含光800推理性能达到78563 IPS，比目前业界最好的AI芯片性能高4倍；其能效比500 IPS／W，一个含光800的算力相当于10个GPU。

人工智能与文化创意产业密切相关。我国人工智能产业落地加快推进，为中国新旧动能转换、文化创意经济高质量发展提供了有力支撑。人工智能的核心是创新创意，其应用场景丰富多样，主要是面向社会服务领域。我国目前的VR、AR、混合现实（MR）以及机器人导游、智能路由交通、机器人足球、智能CAD与数字艺术、人工智能艺术、智能诗词达人，均展现出人工智能无限广阔的应用前景。

在人工智能的大推力下，智慧城市大格局使文化经济迎来新境界。智慧城市是把基于知识社会下一代创新2.0的新一代信息技术，充分运用在城市的各行各业之中的城市信息化高级形态。智慧城市基于互联网、云计算等新一代信息技术以及大数据、社交网络、微观装配实验室、智能家居、综合集成法等工具和方法，营造有利于创新的生态，实现全面透彻的感知、广泛的互联、智能融合的应用以及以用户创新、开放创新、大众创新、协同创新为特征的可持续创新。

智慧城市经常与数字城市、感知城市、无线城市、智能城市、生态城市等区域发展概念相交叉，与电子政务、智能交通、智能电网等行业信息化概念发生交集。智慧城市是建立在高新技术发明与应用，特别是互联网建设之上的，是"以人为本""可持续创新"等当代城市发展理念的实践。智慧城市将对整个社会形态、城市的未来走向产生深远影响。智慧城市是继数字城市之后信息化城市发展的高级形态。

2010年，IBM正式提出了"智慧的城市"愿景。与此同时，国内不少公司也在"智慧地球"的启示下提出架构体系，如"智慧城市4+1体系"，已在城市综合体等智能化项目中得到应用。2013年，中央城镇化工作会议提出的"海绵城市"计划就是推动智慧城市发展的一项战略决策。

2013年8月，国务院办公厅发布了《关于促进信息消费扩大内需的若干意见》，意见提出要通过促进公共信息资源共享和开发利用、加快智慧城市建设来提升公共服务信息化水平。意见提到：在有条件的城市开展智慧城市试点示范建设。各试点城市要出台鼓励市场化投融资、信息系统服务外包、信息资源社会化开发利用等政策。支持公用设备设施的智能化改造升级，加快实施智能电网、智能交通、智能水务、智慧国土、智慧物流等工程。鼓励各类市场主体共同参与智慧城市建设。

2015年4月22日，阿里巴巴整合旗下资源，推出"智慧城市"一站式解决方案。各地政府可以通过接入该城市服务平台，为手机用户提供公共服务。该平台计划在全国50个城市上线，惠及1亿市民。

2015年4月，阿里巴巴方面宣布，上海、广州、深圳、杭州等首批12个城市的"互联网+"城市服务已同步上线。用户可通过支付宝钱包、微博或手机淘宝进入城市服务平台，完成交通违章查询、路况及公交查询、生活缴费、医院挂号等通用服务。这种"互联网+城市服务"，让偏远地区的用户也能够通过手机便利地享受城市公共服务，推进公共服务的均等化。

目前国内以北京为首的特大型、大型城市都迫切需要解决交通、环境污染、生态保护、城市整体建设、公共服务、医疗保障、养老健身等问题，这些问题都可以用"智慧城市"等高科技手段来逐步解决。

正是智慧城市的发展，为文化创意产业提供了巨大的生产性消费需求和更为普遍的生活性消费需求，"互联网+"与"文化+"的双加相互作用，将开创出更为宽广的创意空间。

三、新发展：云计算的崛起与运营

现在大家对于"云端"（云计算）的概念已经很熟悉了。严格地说，云计算是分布式计算、并行计算、效用计算、网络存储、虚拟化、负载均衡等传统计算机和网络技术发展融合的产物。"云"是网络、互联网的一种比喻说法。过去往往用"云"

来表示电信网络,后来也用来表示互联网和底层基础设施的抽象形态。云计算是继20世纪80年代从大型计算机到客户端—服务器的大转变之后又一种巨变,被看作互联网发展的第三次浪潮,是中国战略性新兴产业的重要组成部分。它将带来生活、生产方式和商业模式的根本性改变,已成为当前全社会关注的热点。云计算描述了一种基于互联网的新的服务生产、使用和交付模式。它意味着计算能力也可作为一种商品通过互联网进行流通。

现在每个人都可以把自己的信息存到"云"上去,无论在什么地方只要能接通网络都可以办公,上传、下载都是很方便的事情,甚至拿着手机就可以办公了。

云计算给人们带来的好处非常多。举个例子,大家都知道动画电影的制作时间很长,每个画面制作出来之后还要放在一起用计算机重新处理一遍,才能成为可以放映的成品,这个过程叫渲染。以前这个渲染过程,需要几家动漫公司的多台服务器连续工作一两个月才能完成,因为需要处理的数据量非常大。现在使用云计算中心,三五十分钟就做完了。

再举个例子,现在有一种新兴的网络电商方式,叫网店。全国的公司都可以到网店上来注册,并把产品放上来,卖出去以后直接通过网络把订单交给厂方,厂方通过物联网进行配送。这种交易方式不受时间和地域的限制,信息沟通上也不存在问题。云销售在购物方式和电商经营方式上创造了新的奇迹。

又如,名企三只松鼠,成立于2012年,厂址在安徽芜湖,是一家以坚果、干果、茶叶等休闲食品的生产、分装及网络销售为主的现代化新型企业。2013年11月11日，这家公司的干果和其他相关产品在天猫上卖了760多万元，而且全部是通过网络完成的。它是怎么做到的呢？当然是有一套网络销售的经营模式，同时也和自身的基础设施有关。三只松鼠坚果的营销方式就是一种云计算和大数据的典型应用，它使一个普普通通的坚果公司在网络上创造了销售奇迹。

四、新机制：移动网走向主流

随着互联网技术的发展，过去人们需要在电脑上完成的事情，现在都可以在手机上完成了。我国现有网民中，手机用户占了绝大多数，其中3G、4G用户就占了很大部分。总体来说，移动手机的使用在全世界拥有着绝对不可动摇的地位。

美国曾发布了一份全球屏幕使用率排名，第一名是手机屏幕，第二名是个人电脑屏幕，第三名是平板电脑屏幕，第四名才是电视屏幕。这四种屏幕加起来为人们提供生活中信息总量的90%以上，剩下的不到10%是广播报纸和期刊。广播一度沦为非常落后的传播方式，但随着私家车深入到老百姓的生活中，车载广播得到了复兴。而曾经在全球传媒发展中占据重要地位的报纸杂志则江河日下。

现在每天还有不少人由于职业原因在看纸质报纸，但越来越少，有些人只是偶尔看一看。全球不少报纸杂志的纸质版已经停刊。反观有多少人每天能够不看微博、微信的？几乎没有，特别是年轻人，除了那些根本就没有开通微博、微信的人。人们过去都是通过报纸获取信息，现在不是不愿意看报纸，而是手机上的信息更快捷、更简短。从全球来看，坚持看纸质报纸的人的确是越来越少了。有些报纸办了一二百年，已经非常有名了，现在都宣布不再出纸质版了。久负盛名的百年老报《基督教科学箴言报》从2009年起就已停刊；英国有着168年历史的《世界新闻报》已停刊；日本时尚杂志 Oggi 已停刊；美国月刊杂志 Popular Science 已停刊；国内同样有一批纸媒停刊，如华商传媒集团的《钱经》、南方报业传媒集团的《风尚周报》、现代传播集团的纯文学杂志《天南》、专业数码游戏刊《数字通讯》、港台流行文化杂志 YES!。

AOL（美国在线）曾对英国的1000名视频浏览用户做过一项调查，结果显示1—10分钟的短视频内容在互联网用户中的受欢迎程度不断增长，其中"千禧一代"更是短视频的主要用户群体。

近年来，移动视频市场也逐渐分化，出现了综合性视频、聚合视频、垂直视频、网络电视、移动短视频等各个细分领域。短视频的内容特点和传播路径契合了广大用户碎片化的时间和内容需求，通过智能化推荐和高频的信息流吸引用户。国外的YouTube、Snapchat短视频平台，以及国内的快手、抖音都积累了大量的用户群体，并进行海外市场扩张，此外Facebook、Netflix、

Amazon Prime Video、Twitter 也纷纷布局短视频平台。

五、新形态：自媒体迅速崛起

自媒体是一个互联网术语，意指在网络技术，特别是 Web2.0 的环境下，由于博客、微博等共享协作平台与社交网络的兴起，每个人都具有媒体的传播功能。自媒体也是相对于传统新闻的表述方式，即具有传统媒体功能却不具有传统媒体运作架构的个人网络行为。2003 年 7 月，美国新闻学会的媒体中心出版了由谢因·波曼与克里斯·威理斯联合编写的研究报告，其中对"自媒体（We Media）"进行了定义：自主化的传播者，以现代化、电子化的手段，向不特定的大多数或特定的单个人传递规范性及非规范性信息的新媒体的总称。

·自媒体可分广义的自媒体和狭义的自媒体，广义的自媒体可以追溯到 20 世纪末，当时的论坛、个人专辑都可以叫自媒体，然后就是博客、微博等。而狭义的自媒体则是以微信公众号为标志，再加上之后的百度百家、搜狐、网易、腾讯等自主化写作平台的媒体。简单说，自媒体就是指为个体提供信息生产、积累、共享、传播的兼具私密性和公开性的信息传播方式。

自媒体打破了过去官方媒体一统天下的局面迅速发展起来。一个微信公众号，也会有几千名、几万名、几十万名甚至百万名以上的粉丝。总的来讲，过去那种由官方的大型传播机构来主导的传播方式已经变成了无数多元化的自媒体传播方式。

自媒体的发展是不断演进的。首先出现的是博客，当初最出名的博主是徐静蕾，她的个人主页有2000多万名的粉丝。博客的出现是一种根本性的转变，它标志着个体的信息发布平台成为公众化的媒体，这就是自媒体。后来有了微博，就出现了很多拥有百万名粉丝的"大V"，比如姚晨，她的微博粉丝是千万级的。每个"大V"都是一个自媒体，他们承担了过去只有官方媒体拥有的传播功能。其后便进入了微信时代，这是一个更巨大的变革，国内每月微信活跃的人数是5.8亿人以上。

传统媒体产业与新媒体产业都是文化创意产业的重要部分，应让传统媒体升级换代，让新媒体快速发展，让传统媒体与新媒体高度融合。当下，除了门户网站、博客、微博外，微信等新媒体已经成为传统媒体拓展影响的标配。

六、新特色：小、微、新、酷、融

在"互联网+"的推动下，创客空间的建设和创客实业的发展成为2015年最重要的经济文化发展方向之一。2015年3月，国务院办公厅印发了《关于发展众创空间推进大众创新创业的指导意见》，提出"大众创业、万众创新"（双创）。"双创"作为我国经济转型和保增长双引擎之一，迅速推动了继20世纪80年代的个体户创业潮、20世纪90年代网络精英创业潮之后的第三次创业潮。这次创业潮和以往的"下海"有所不同，文化科技的创新、创意与创业在此轮高潮中具有举足轻重的作用，成为"双创"战略的一个引擎。其特点可概括为"小、微、新、酷、融"。

第一，小企业。现在中小微企业对于我国的经济有很重要的意义。国家越来越重视中小企业的发展，小企业越来越多，发展也越来越快，更多的人投入市场中创办自己的企业。在整个发展的过程中，现代的文化创意经济作为一种新的运营方式，和过去制造业的生产线完全不同，要求有更多的独特性。

第二，微方式。指微博、微信、微电影、微动漫、微视频等微媒体、微营销这些能看得到的微产业方式。微方式实际上已经成了生活和经济、消费活动中必不可少的方式。过去发短信，每条都要支付费用，现在人们用微信、微视频的方式直接交流。即使隔着千山万水，拿起手机就可以清清楚楚地面对面交流。

第三，新业态。以前讲的文化产业就是演出、广播、电视、电影、出版、文化旅游等类别。今天的文化产业每天都在产生新的业态。最近，百度、腾讯、阿里巴巴都开始通过互联网的方式介入医疗产业；阿里巴巴与上海最大的汽车公司合作，建立汽车基金；格力电器准备进军手机市场；滴滴打车、哈啰出行等企业获得高额投资、融资。这些都表明新业态的产生打破了原有的界限，将会创造出很多以前难以想象的东西。

第四，酷特色。"酷"这个概念就是现代社会时尚发展的一种基本特色。日本人称自己是酷日本，韩国人说他们是酷韩国。韩国和日本的这种酷的特色对我国的影响也是非常大的。像2013年热播的韩剧《来自星星的你》，引发了很大的热潮。这样一种酷特色指的就是新一代年轻人——"90后""00后"青年群体性追逐时尚文化的新潮流。新奇、新颖、独特、叛逆，是他们鲜明的时代标记。

第五，融思维。是指跨界的思维、融合的思维。人们有物质需求，有精神需求。在文化产业领域里，人们就"文化产业到底包含哪些"争论了很多年。过去官方倾向于把互联网圈定在某个范围内，按照层级和整体条块分割的方式管理，不能越界。但是，今天"互联网+"带来的是跨界的行业融合。2014年，国务院10号文件明确提出，文化创意与设计服务要为装备业、消费品业、信息业、建筑业、旅游业、农业甚至体育产业服务。既然要为这么多产业服务，互联网就要与各产业融合在一起，而不需要去争论互联网中的某些企业是不是文化创意企业。文化产业发展到一定阶段必定要进入创意产业和创意经济的新阶段，这是顺应国际整体发展要求的必然趋势。以BAT为代表的互联网公司开始了大范围的跨界运营。2015年12月，易观智库推出的《中国互联网金融理财市场专题研究报告》指出，2015年跨界合作成为常态，仅在互联网金融领域就有百度与电信行业合作的"沃百富"，阿里与旅游行业合作的"旅游宝"，百度、阿里分别与电影行业合作的"百发有戏"、阿里"娱乐宝"，腾讯与汽车行业合作的"奥迪A3理财通"。

综上所述，今天谈到的"互联网+"不再仅仅是过去的互联网思维的概念，而是由思维进入到实践领域。"互联网+"由一种观念创新、理论创新转变为实践创新,成为一种经济行动的纲领与文化行动的动力,并揭示了未来发展的方向和路径。

总之,我国"互联网+"背景下的文化创意产业面临着从技术基础形态到文化内容产业、数字传播、体验营销的新阶段。研究这一新阶段的新特点、新方式,对于预测未来总体趋势、推动文创产业转型升级、制定文创企业发展策略,都是十分必要的。

第八章　数客，大数据时代文化创意经济的先行官

大数据是在全球信息互联互通、超量信息爆发基础上产生的新信息革命，也是世界经济政治文化竞争的新焦点。在"互联网+"中，大数据是关乎全局的核心内容，也是我国"十三五"发展需要重点突破的方向。我国文创产业要借助大数据战略实现两个升级换代——制造业走向高端的升级换代和文创产业通过高新科技升级换代。数客（首席数据官、数据分析师、数据管理师、数据营销师）将成为未来最稀缺的人才。

一、大数据是世界经济政治文化竞争的新焦点

大数据（Big Data），或称巨量资料，指的是所涉及的资料规模巨大到无法通过目前的主流软件工具在合理时间内进行处理、整理并成为国家、企业发展的有效资讯。在维克托·迈尔-舍恩伯格撰写的《大数据时代》中，大数据指不用随机分析法（抽样调查）这样的捷径，而是分析所有数据的方法。即大数据具有4V特点：Volume（大量）、Velocity（高速）、Variety（多样）、

Veracity（真实性）。大数据需要特殊的技术，包括大规模并行处理（MPP）数据库、数据挖掘电网、分布式文件系统、分布式数据库、云计算平台、互联网和可扩展的存储系统。大数据采用全数据模式，样本等于总体，还允许不精确。它通常用概率说话而不是板着"确凿无疑"的面孔。

美国将大数据看成"未来的新石油"。美国的苹果、谷歌、亚马逊等一批世界级互联网企业，奠基并推动了大数据的高速发展。奥巴马说："未来，没有这样重量级的先进企业做支撑，即使靠传统产业像产油国家那样获得一时的繁荣，必将是不可持续的。"事实上，大数据已成为美国国家创新战略、国家安全战略、国家ICT产业发展战略以及国家网络安全战略的跨界领域。

2014年，美国紧锣密鼓地开展了大数据战略的全民征询意见活动。同年5月，总统科技顾问委员会向奥巴马提交了大数据开放战略的报告。报告建议：新的政策应该侧重于对个人信息的具体用途是否会对个人隐私产生不利影响；政策制定的重点应放在利用数据的结果上，即用个人数据分析在"做什么"，而不是"如何做"，以避免政策成为技术进步的障碍；政策框架应能加快开发大数据技术并使其商业化。这些技术不仅包括新的研究领域和潜在的技术选项，而且应包含能消除给隐私权带来不利影响的新技术、新方法。通过政策的引导，企业能更有效地利用大数据技术，让美国在立法和商业上继续保持全球领先地位。只有解除个人对隐私受到侵犯的担忧，才能最大限度地利用大数据的好处。

其后,美国白宫发布《2014年大数据白皮书》,白皮书提出:"大数据的爆发带给政府更大的权力,为社会创造出极大的资源,如果在这一时期实施正确的发展战略,将给美国以前进的动力,使美国继续保持长期以来形成的国际竞争力。"今天的美国,从政府到企业,从医疗、教育等公共服务部门到商业、科技领域,大数据技术正在催生各个领域的变革力量,整个社会也在不遗余力地主动进行大数据技术的发展与应用。大数据的发展与应用已经对美国社会的方方面面产生深远影响。

大数据所蕴含的战略价值已经引起多数发达国家政府的重视,他们相继出台了各自的大数据战略规划和配套法规,促进本国大数据的挖掘、应用与发展。在政府大数据战略部署和政策推动下,发达国家的政府部门、企业、高校及研究机构都开始积极探索大数据。Gartner Group 的调查结果表明,全球64%的企业已经开始向大数据项目注资,或者打算在2015年6月之前将计划付诸实践。德国联邦政府启动"数字德国2015"战略,推动互联网服务、云计算、物联网、3D技术以及电动汽车信息通信技术等信息通信产业的发展,推动实施基于传统制造业智能化和数据化的"工业制造4.0战略",将大数据引入制造业,打造智能工厂,工厂通过CPS(信息物理系统)实现全球互联。2011年,韩国就提出"智慧首尔2015"计划,目标是到2015年成为世界上使用智能技术最方便的城市。2013年6月,日本公布《面向2020年的

ICT综合战略》，全面阐述2013—2020年以发展公共数据和大数据为核心的日本新IT国家战略，提出要把日本建设成为一个具有"世界最高水准的广泛运用信息产业技术的社会"的目标。

从全球来看，大数据作为蓬勃兴起的高科技新兴产业，与当前全球风行的"创意经济"有着密切的联系。从某种角度看，大数据产业就是创意经济的一个组成部分，涉及大量交叉运行的行业。在文化创意与数据科技二者的融合中，"大数据+"衍生出一系列创造型人才和创新型企业。可以说，文化创意产业几乎所有部类，均可以借助大数据进行升级换代。

贵州文化创意产业借助大数据实现跨越式发展的案例充分证明了产业融合是发展走向高质量的必由之路。2015年6月17日，习近平来到贵阳市大数据广场，走进大数据应用展示中心，听取了贵州大数据产业规划、发展和实际应用情况介绍。2014年以来，贵州省大力发展大数据产业，创建了国家级大数据产业发展集聚区，大力发展数据中心，远期目标为200万台服务器。贵州还成立了大数据交易所，建设全域公共免费Wi-Fi城市。而作为大数据产业的重要载体，大数据广场汇集了51支创客团队、360多家大数据及关联企业。2014年，贵州省大数据信息产业总量同比增长62.2%。习近平对贵州大数据发展给予了肯定和赞赏："贵州发展大数据确实有道理。"

二、习近平关于大数据产业发展的全面布局

习近平站在时代最前沿,敏锐地把握世界新兴产业发展的方向,带领国家迅速迈入大数据时代。在党的十八届五中全会提交的"十三五"规划建议中,我国提出"实施国家大数据战略,推进数据资源开放共享"。

2013年7月,习近平在视察中国科学院时指出:"大数据是工业社会的'自由'资源,谁掌握了数据,谁就掌握了主动权。"

2015年5月,习近平在给国际教育信息化大会的贺信中说:"当今世界,科技进步日新月异,互联网、云计算、大数据等现代信息技术深刻改变着人类的思维、生产、生活、学习方式,深刻展示了世界发展的前景。"

2017年12月8日,中共中央政治局就实施国家大数据战略进行第二次集体学习。习近平总书记在主持学习时,深刻分析了大数据发展现状和趋势,结合我国实际对实施国家大数据战略、加快建设"数字中国"做出部署要求,为用好大数据、赢得新时代发展的战略主动指明了方向。"大数据发展日新月异,我们应该审时度势、精心谋划、超前布局、力争主动。"

2018年5月26日,中国国际大数据产业博览会在贵州省贵阳市开幕,国家主席习近平向会议致贺信。习近平指出,当前,以互联网、大数据、人工智能为代表的新一代信息技术日新月异,给各国经济社会发展、国家管理、社会治理、人民生活带来重大

而深远的影响。把握好大数据发展的重要机遇，促进大数据产业健康发展，处理好数据安全、网络空间治理等方面的挑战，需要各国加强交流互鉴、深化沟通合作。习近平强调，中国高度重视大数据发展，秉持创新、协调、绿色、开放、共享的新发展理念，围绕建设网络强国、数字中国、智慧社会，全面实施国家大数据战略，助力中国经济从高速增长转向高质量发展。

2019年5月26日，习近平再次向中国国际大数据产业博览会发出贺信。他在贺信中指出，中国高度重视大数据产业发展，愿同各国共享数字经济发展机遇，通过探索新技术、新业态、新模式，共同探寻新的增长动能和发展路径。希望各位代表和嘉宾围绕"创新发展·数说未来"的主题，共商大数据产业发展与合作大计，为推动各国共同发展、构建人类命运共同体作出贡献。

习近平在我国大数据产业的发展中高瞻远瞩，全面谋划，超前布局。他敏锐地发现了世界发展的新亮点，并指出，"世界各国都把推进经济数字化作为实现创新发展的重要动能"。在技术研发、数据共享、安全保护等方面进行前瞻性布局，抓住大数据发展的时代机遇，开创发展新局面，也是我国必须解答好的时代课题。

在全球互联的背景下，数据已经成为一种新的经济资产和政治、文化资本。从经济角度看，大数据时代，数据正在成为一种生产资料，成为一种稀有资产和新兴产业。大数据产业及数据经济已经开辟出数据材料、数据探矿、数据加工、数据服务等一系列新兴产业。任何一个行业和领域都会产生有价值的数据，而对这些数据的挖掘、统计、分析则会创造意想不到的价值和财富。

习近平总书记指出，随着信息技术和人类生产生活交汇融合，互联网快速普及，全球数据呈现爆发式增长、海量集聚的特点。作为信息化发展的新阶段，大数据对经济发展、社会秩序、国家治理、人民生活都将产生重大影响。"谁掌握了数据，谁就掌握了主动权。"

习近平总书记告诫我们："机会稍纵即逝，抓住了就是机遇，抓不住就是挑战。"创新发展如逆水行舟，不进则退。面对新的时代要求，推动大数据技术产业创新发展，就要在突破核心技术、加快构建新一代信息基础设施、完善政策环境、形成数据驱动型创新体系、培育造就人才队伍等方面迈出新步伐；构建以数据为关键要素的数字经济，就要着力推动实体经济和数字经济融合发展，加快形成以创新为主要引领和支撑的数字经济，让大数据成为建设现代化经济体系的重要基石。

三、在新一轮大数据竞争中走向全球前列

据测算，2020年，我国的数字经济规模总量突破近5.4万亿元人民币大关，雄踞全球第二位。商务部数据显示，2017年我国网络零售额已超7万亿元大关，同比增长32.2%，网络消费对经济发展的拉动作用明显增强。

那么我国如何在这一轮大数据竞争中走在全球前列？如何进

一步按照习近平总书记"精心谋划，超前布局"的要求，实现高效、高质量发展？关键在于谋划制订大数据发展规划及相关政策。随着数据的不断增长及其背后所蕴藏的巨大价值，大数据正在成为信息时代发展的新潮流。谋划制订大数据发展规划及相关政策，全面推动我国经济、政治、文化和生态的发展就显得非常必要。我们必须看到：大数据不仅是一场技术革命，一场经济变革，也是一场国家治理的变革。维克托·迈尔－舍恩伯格在《大数据时代》中说："大数据是人们获得新的认知、创造新的价值的源泉，还是改变市场、组织机构以及政府与公民关系的方法。"

由于各国大数据技术基础、市场基础、数据文化氛围不同，各国的政策侧重点存在一定差异。对我国而言，大数据市场刚刚起步，配套规划与政策还存在较多缺口，为加快推进我国大数据技术应用与产业发展，在政策环境构建方面，一是要加快制定大数据发展国家战略，战略应进一步阐明大数据的有利发展机遇，规划重点领域的大数据研究计划，布局关键技术研发方向，强化大数据基础设施建设和人才培养，加强对大数据产业的扶持，做好体制机制、资金、法规标准等方面的保障等，真正将促进大数据发展提升为一种国家行动，为后期专项政策制定、项目规划等提供依据；二是借鉴国外政府大数据政策，制定符合我国实际的大数据配套政策路线图，注重从战略技术能力储备和战略应用实施两个角度，落实相关部门职责，为大数据产业孵化、技术研发、推广应用营造完善的政策环境。

当前，面对大众创业、万众创新的创客热潮，越来越多的风险投资机构把数客（数据分析师）出具的数据分析报告作为其判断项目是否可行及是否值得投资的重要依据；越来越多的高等院校和教育机构把数据分析课程作为培训计划的重要内容；越来越多的有志之士把数据分析培训内容作为其职业生涯发展中必备的知识体系。

从全局来看，各省市之间已经形成关于大数据发展的竞争新格局。2014年2月，贵州印发《关于加快大数据产业发展应用若干政策的意见》，明确从2014年起连续3年，贵州省和贵阳市、贵安新区每年各安排不少于1亿元资金，用于支持大数据产业发展及应用。到2017年，贵州已形成多个大数据产业示范园区，引进和培育30户大数据龙头企业，聚集500户创新型大数据相关企业，通过大数据带动相关产业规模达3000亿元，引进大数据领军人才100名，引进和培养高端人才5000名。而在2012—2013年，重庆、上海、陕西、广东、天津等省市已经率先进入大数据产业的建设工作，在产业布局上形成区域特色鲜明、网状覆盖、多省联动的大数据产业网。

近年来，我国大数据企业风起云涌，数百家颇具规模的企业大大推动了我国大数据产业的发展，也引发了全球的关注。2019年，由大数据产业生态联盟联合赛迪顾问共同完成的《2019中国大数据产业发展白皮书》在2019世界计算机大会揭晓了当年中国大数据企业50强，从基础支撑层、数据服务层、融合应用层对2019年中国大数据全产业链进行产业结构分析，并梳理出各个领域的龙头企业。

四、数客是大数据实践运行的关键要素

数字经济、大数据产业如何发展，核心看人才，关键在数客。

什么是数客？这里所说的数客，是指数据分析师、数据运营官、数据管理师，特别是首席数据官，即在当下大数据时代，专门从事行业数据收集、整理、挖掘、分析，并依据数据做出行业研究、评估和预测的专业人员，以及相关的跨行业顾问和有行业经验的编程人员、图形及视觉设计人员，甚至将文化、技术和艺术融合为一，能将抽象语言形象化的人才。

毋庸置疑，数客已经成为数字时代最重要的人才之一，是当前推动大数据发展的关键所在。根据预测，未来若干年，数客将是全球最稀缺的人才。Gartner Group预测，到2015年，全球大数据人才需求将达到440万人，届时仅有三分之一的需求能够得到满足。麦肯锡全球研究所的一份报告指出，美国需要150万名精通数据的经理人员，以及14万—19万名深度数据分析方面的专家。目前，美国已有大学专门开设了研究大数据技术的课程，正在大力培养下一代"数据科学家"。一些美国公司也向大学提供研究资助，并赞助与大数据有关的比赛。目前美国正大力关注大数据这个人类科技的新领域，以求继续保持全球科技领先地位。

数字分析人才培养已被各国政府纳入推进大数据发展的重要议程中。美国《大数据研究与发展计划》的一个重要目标是"扩大从事大数据技术开发和应用的人员数量"。美国通过国家科学基金会，鼓励研究型大学设立跨学科的学位与项目，为培养下一代数据科学家和工程师做准备，并设立培训基金，支持对大学生进行相关技术培训，召集各个学科的研究人员共同探讨大数据如何改变教育和学习等。为促进基础研究，美国国家科学基金会采取的相关政策措施如下：向美国加州大学伯克利分校资助一千万美元，帮助他们研究如何整合机器学习、云计算、众包三大技术，用于将数据转变为信息；在关键技术研发方面，联邦大数据项目部门详细部署了国防、民生、社会科学等领域的核心关键技术研发。英国《英国数据能力战略》研究了扶持技术研发的政策，对人才的培养做出专项部署：搭建高校、研究机构的资金扶持和合作平台，确定从初中、高中就开始设立数据和计算机学习课程；大学各学科更要全面教授数据分析技能，实现跨学科交流；并通过奖学金、项目资助的形式支持高校培养满足当前和未来数据分析需求的人才。英国政府与相关专业机构一起强化数据科学的学科建设，规划数据分析行业不同的发展道路。澳大利亚《公共服务大数据战略》提出强化政府部门与大专院校的合作，培养大数据分析技术专家，同时计划将各类大数据分析技术纳入现行教育课程中，强化人才储备。法国《政府大数据五项支持计划》中第一步计划便是引进数据科学家教育项目。

目前，在互联网企业中首席数据官、首席信息官都已成为企业的标配，在企业发展中发挥着不可替代的作用。而数据也不再是无足轻重的一堆数字，它已成为具有重要经济和文化价值的资产和资本。企业的数据战略将综合考虑数据的各种需求，并制定一个整体性规划——通过交易中心的数据完成操作，通过运营报告了解情况，通过关键绩效指标衡量价值，并通过操作数据来存储记录。

因此，大力推动大数据文化孵化器建设，培育一批新型创客、极客、数客，进而培育文化创客、文化极客、文化大数据分析师与文化大数据运营官，对于我国文化事业和文化创意产业的发展无疑具有重要的实践意义。

大数据在商业领域获得了广泛应用，数据服务业蓬勃发展。根据预测，全球大数据技术与服务市场的增长速度大约是整体通信技术市场增速的7倍，到2016年有望达到238亿美元，因此美国各大公司加快了大数据方面的布局，加大了相关投资力度。2013年2月，IBM宣布在2015年前拟支出145亿美元进行收购来完成对大数据产业链的控制。此外，还有大量中小企业从消费者、公共平台记录等数据中提取信息，并将这些数据进行汇总分析，为政府及其他企业提供服务，包括产品营销、个人信息验证等。

大数据的发展和应用也存在很多问题。首要问题就是如何解决公民隐私问题；其次是国家、企业和管理部门的安全和保密问题；再次是数据质量与垃圾信息问题；最后是数据公开与如何公开等问题。

五、我国文创产业要借助大数据战略实现升级换代

中国的文化创意产业要借助大数据挖掘获得战略发展并实现高质量升级换代，原因如下。

大数据在当代创意经济的各个领域中都无所不在，它与不同行业或企业"相加"，就形成了"大数据+创意产业"的新业态。它是互联网时代以数据为资本连通世界的桥梁，也是推动我国文化创意产业高质量升级换代的催化剂。

以互联网为基础的大数据与创意产业有着十分密切的亲缘关系。美国一大批互联网领军企业——谷歌、微软、EMC、SAP等文化科技巨头，以及Facebook、Splunk、Teradata等一些文化创新公司，在多年的互联网技术沉淀和长期文化科技创新的积累中，形成了以硅谷创新精神为代表的时代风格，对全球产生了重大影响，同时也对大数据与文化创意产业及二者的融合产生重大影响。比如，今天的广告商们更愿意为针对性强的网络广告多支付60%甚至200%的费用。在庞大的数据系统内，广告商们不仅与大公司接触，同时还会关注一些小微企业、创客空间和创新品牌。消费者可以从更好、更实用的广告中获得更广泛的企业信息。大数据为消费者与企业创造了巨大的价值。现在，无论是大型企业还是小型企业都会更多地利用互联网、移动网和大数据运

算工具。电商通过线上与线下的渠道与客户进行互动,为后者提供量身打造的产品与最优的价格。而对消费者来说,在大数据技术的推动下,他们可以获得更加多样化的和有针对性的创意产品与文化服务。

文化创意产业与互联网有着千丝万缕的联系,与移动网、手机和全民文化消费也有着不可分割的联系。大数据的兴起大大推动了中国乃至全球文化创意产业发展,在电影、电视、广告、会展、演艺、娱乐、旅游、体育、休闲等传统行业发挥着重大作用,特别是在移动网、新媒体、动漫、游戏、视频、直播和电商等领域。

对于文化创意产业来说,重心首先是互联网时代的数字转型。大数据将在文化金融、内容产业与文化消费方面发挥重要作用。

其一,有步骤、有重点地推动我国公共文化服务与文化产业向数字化转型升级,推动文化与科技走向深度融合。根据世界文化产业发展趋势与我国文化产业实际发展情况,明确我国文化产业科技创新的主要方向与现实目标,确定文化产业中科技发展的优先领域与重点攻克的科技课题,优先发展包括影视业制播技术、数字媒介传播技术、现代出版业印刷技术、电子媒介技术、网络技术、软件开发技术、数字图书馆技术、文化设施技术集成体系、虚拟现实技术、多功能多媒体信息智能终端技术等领域。鼓励自主创新,制定具体措施促进高新技术与文化产业的结合,为文化产业发展做好社会服务工作。加快建立与完善我国文化产业发展的科技创新平台，整合研究攻克我国现代文化产业发展中共有的关键技术问题，大力推动自主创新研发，在一定领域形成技术优势，作为我国文化产业强有力的科技支撑。在挖掘我国丰富文化资源的基础上，生产创造更多具有国际竞争力的、具有高科技含量的文化产品，使我国形成具有一定规模的文化产业集群。

其二，围绕目前世界文化产业发展的核心技术，形成以文化企业为主体的产学研有机结合的现代文化产业技术创新体系。要支持企业之间开展产学研合作，组建优势互补的企业集团与企业联盟，在关键科技领域联合研发，鼓励形成具有自主知识产权的科技专利与科研创新成果。将我国文化企业科技创新能力的提高作为促进文化产业发展的切入点，并且通过制定相应政策，如财政税收政策等引导与鼓励文化企业对科技创新的资金投入。对于具有较强科技创新能力、竞争潜力与抵御风险能力的中小企业，通过科学技术研发基金和政策支持等多种途径，促进与发挥它们在现代文化产业链中的关键作用，形成中小企业在科研与文化产品研发方面与大型文化企业集团相互补充的文化产业分工格局，并加快重点培养一批具有自主科技创新能力的世界一流水平的文化企业进入国际文化产业市场进行竞争。我国文化创意产业要利用大数据建立运行平稳、安全高效的产业运行新机制，不断提升文化创意生产、文化金融扶持、文化贸易运行、文化资源环境水平，以及产品质量、企业登记监管等领域数据资源的获取和利用能力，丰富经济统计数据来源，实现对创意经济运行更为准确的监测、分析、预测、预警，提高决策的针对性、科学性和时效性，提升宏观调控以及产业发展、信用体系、市场监管等方面的管理效能。探索大数据与传统产业协同发展的新业态、新模式，促进传统产业转型升级和新兴产业发展，培育新的经济增长点。

其三，积极落实"互联网+"的国家行动计划，实现产业跨界融合。在公共文化服务、文化产业内，特别是文化创意与设计服务等领域全面落实"互联网+"的详细行动规划，使我国在"十三五"这个发展的重要窗口期，全面迈向文化科技强国行列。要大力推进互联网+科技、互联网+旅游、互联网+艺术、互联网+体育、互联网+城市文化、互联网+设计+制造业、互联网+广告+品牌构建、互联网+电影电视等互联网与相关行业之间的跨界融合，展开边界作业，拆除行业壁垒、部门壁垒、地域壁垒、所有制壁垒，开创"互联网+文化发展"的新格局。

其四，加紧培养适应我国公共文化服务与文化产业发展需求的文化科技人才。文化产业在根本上以高水准文化与科学技术，特别是大数据创新为基础，因此对人才的知识结构、科研素质、创造能力都提出了更高的要求。但是，当下我国适应文化产业发展需要的科技人才与文化复合型人才还很短缺，因此要大力培养具有世界水平的文化产业人才队伍。一方面，从国家层面上要建立适应文化产业发展的人才培养机制，提升文化科技创新人才培养的针对性、前瞻性，整合高级知识人才、科研人才、文化人才以及社会力量等相关人力资源，构建协同创新的人才团队或团体。面向我国文化产业发展的重点领域，大力培养适应数字技术环境的文化人才、文创产业经营管理人才、媒体业制播人才、数字技术软件开发人才和大数据背景下数据分析师等。另一方面，还要加强培养实用性人才、科技应用人才，重视专业院校和职业教育等相关人才的培养力度，要抓住全球科技、经济和市场的机遇期，积极完善、升级国际文化科技人才引进政策，更加广泛地接纳、聘请全球科技文化人才，加强与国外公共文化服务机构、文化产业、文化企业在各环节的国际合作，在学习借鉴中培养适合我国文化产业发展的文化科技人才群。

总之，我国文化创意产业要构建以人为本、惠及全民的文化服务新体系，培育高端智能、新兴繁荣的文创产业发展新生态，开启大众创业、万众创新的创新驱动新格局；要全面推广大数据应用，利用大数据洞察民生需求，优化资源配置，丰富服务内容，拓展服务渠道，扩大服务范围，提高服务质量，提升城市辐射能力；要推动公共服务向基层延伸，不断满足互联网条件下人民群众日益增长的个性化、多样化需求。

第九章　数字时代的视觉狂欢：论短视频消费的审美逻辑及其困境*

作为一种重要的视觉文化现象，短视频的火爆与审美和技术的融合密切相关。在技术的策划与包装下，短视频极大地释放了大众进行图像生产和消费的热情，并推动视觉体验成为文化消费的主因。短视频在为视觉审美带来极大便利的同时，亦有可能致使审美被技术绑架，进而引发视觉伦理危机。面对技术红利，审美应当秉持自身的感性解放与社会治理价值以实现对技术的超越。审美对技术的超越离不开人的主体性的重建。在视觉经济背景下，平衡好技术和资本的关系，培育主体良好的审美品位与批判精神是重建主体性的主要途径。

2017年以来，在互联网文化消费市场，以抖音、快手、火山、西瓜等为代表的短视频应用开始超过直播的热度，下载量暴涨，市场规模日益增大。相关资料显示，2018年短视频用户规模达到3.53亿人，预计2019年这一规模将达5亿人。[1]短视频的

---

* 本文章与柴冬冬共同完成。

[1]《2018年中国短视频行业研究报告》，http://www.askci.com/news/chanye/20180419/144321121804_2.shtml，访问日期：2018年4月19日。

火爆无疑成了当下最为重要的视觉文化现象之一，集中代表了数字技术时代视觉审美观念的变革。然而，这种新的视觉审美形式在满足人民群众精神文化需求的同时，也存在失序和混乱的问题，不仅各种不良视觉信息盛行，而且视觉消费成瘾现象也日益严重，这无疑极大地弱化了图像本身的人文价值和美学追求。本文以技术与审美的相互关系为入口，窥探这一新的视觉审美形式兴起的原因及其对视觉审美体制的消极影响，并对其中潜藏的审美困境进行分析。

一、审美与技术的媾和：短视频消费与视觉审美范式的新嬗变

短视频何以如此火爆？除了产业层面不遗余力地推动外，还与技术（与科学、工具、制造等密切相关的技术）和审美之间的媾和紧密相关。具体来说，审美作为一种主体在特定的情境下与对象相遇而发生了精神层面的欣赏及领会活动，在新的语境下与技术达成了一种相对的契合，二者共同促进短视频作为一种视觉审美和消费的流行。那么短视频作为一种新的视觉审美现象，是否也意味着一种新的视觉审美范式的形成呢？要回答这个问题，需要进一步剖析技术与审美之间的关系。

历史地看，技术始终在推动、影响着审美文化的生产和消费，甚至可以说，不同时代的审美文化形态是建立在不同的技术手段之上的。从文艺复兴到启蒙运动，人们可以清晰地看到印刷

是天才的产品，通过与具有确定目的理性理念本质不同的审美理念获得其规则。"①在这里，由现代技术催生的大众文化和艺术，抹去了高雅与低俗之间的界限，是一种"伪个体性"的具有欺骗性的意识形态。这种对技术的批判是建立在以审美和艺术的乌托邦想象来对抗异化社会的基础之上的，实际上隔断了文化、审美与资本、社会的深层联系，缺乏改变现实的真实行动力。近年来，在以文化科技融合、文化经济一体化为审美文化主要生产动力的背景下，文化、审美、资本之间的关系开始得以修正。阿苏利指出："资本主义演变的特点在于捕捉如美丽、娱乐、审美这些无实际用途的多余产物，并把它们转化成可以估价、可以买卖并能够覆盖社会生活的大部分领域的价值。这种演变是从文化进入到经济中心开始的。"②韦尔施在论述"作为经济策略的审美化"时也指出："这类日常生活的审美化，大都服务于经济的目的，一旦与美学联姻，甚至无人问津的商品也能销售出去，对于早已销售得动的商品，销量则是两倍到三倍地增加。"③审美这种属于精神世界的活动，最早是从物质、实用的活动中产生出来的。在经历了长期与实用性相分离的过程之后，在科技发达的今天又回到物质、实用的活动中。④于是，技术与审美开始变得相

---

① 伊曼努尔·康德：《判断力批判》，李秋零译，中国人民大学出版社，2010，第171页。
② 奥利维耶·阿苏利：《审美资本主义：品味的工业化》，黄琰译，华东师范大学出版社，2013，第9页。
③ 沃尔夫冈·韦尔施：《重构美学》，陆扬等译，上海译文出版社，2006，第6页。
④ 叶朗：《美学原理》，北京大学出版社，2009，第317页。

互支撑了。

事实上，无论是在生产者那里，还是在消费者那里，审美早就成了一种重要因素。阿苏利指出，欧洲早在封建时代就发展出了一种以闲适和品位为特征的生活方式，以好的品位来彰显其社会地位。后来随着文化产品的不断丰富，"当审美品位的疆界变得模糊，不同历史时期、体裁、对象、属性、感受间的组合表现出了品位的兼收并蓄，导致了传统等级制度的混杂和坍塌"。[①]时至今日，随着以时尚、个性、体验等元素为核心审美品位的文化产业不断扩张其市场规模，日常生活的审美化已然成为人们的共识和进行消费的潜在前提。而与这一过程相伴随的是，技术开始成为人们审美活动的主要媒介和工具。不仅审美文化产品的生产离不开技术，就连消费也离不开技术。就视觉审美来说，显然手机、电脑、电视、电影已经成为人们进行视觉审美和消费的主要媒介。而在经历了数十年的发展后，当手机、电脑这些同时具备图像生产、传播、展示、复制、保存的工具成为普通人的必备品，人们早已习惯本雅明所说的那种"机械复制时代"的视觉审美规则：即视觉效果转向了触觉特质，久久回味的静观体验转变成当下即刻的震惊效果，艺术品或图像的膜拜价值让位于展示价值，个人化的品位被集体观赏所取代。甚至波德里亚所担忧的虚拟现实阶段的审美逻辑也被人们接受。在这一阶段，符号不再表

[①] 奥利维耶·阿苏利：《审美资本主义：品味的工业化》，黄琰译，华东师范大学出版社，2013，第36页。

第九章　数字时代的视觉狂欢:论短视频消费的审美逻辑及其困境

征现实,甚至与现实无关。它们依循自身的逻辑来表征,即虚拟的非真实的影像比比皆是,这些影像以逼真的面目出现,假的东西比真的东西更加真实。

这是一种总体的视觉审美氛围的转变,短视频消费的盛行正是得益于这些观念的铺垫,这是技术长期以来与审美相互作用的结果。然而仅以机械复制和虚拟现实逻辑来概括短视频所代表的视觉审美新嬗变未免过于简单。短视频的兴起除了得益于以智能手机为代表的新的图像展示和复制技术外,还与4G移动网络的普及与人工智能技术的发展相关。在4G带宽红利的驱动下,短视频生产和消费的效率大幅提升,逐渐形成了完整的技术生态,而基于人工智能的智能化算法则在内容整合、提升用户黏性、提高社交化水平和生产效率等方面具有重要作用。目前,社交化和用户生产内容是短视频消费的两大特点。在泛社交化趋势下,无论是以社交为特色的抖音、快手,还是主打资讯的西瓜、秒拍,抑或以A站、B站为代表的网络论坛类,以陌陌、朋友圈为代表的社会性网络类,社交几乎是每个平台的基础性功能,而社交化所推动的用户黏性的增长无疑又强化了用户对内容的生产。根据易观发布的数据,2017年第一季度移动全网短视频平台用户渗透率中,秒拍、快手、美拍等产品以62.2%、45.1%和41.3%占据第一位和第三、四位。这无疑表明超强的主动性、互动性与社群性是短视频在视觉审美层面的全新特点。

在技术与审美媾和的情况下,短视频无疑践行了一种全新的视觉美学。在这里,审美主体变得更为主动,进而改变了机械复制时代以来的被动局面,图像的生产、传播和消费也变得极其简单和日常化。审美对象变得更加多元,从私人图像到家庭图像、公共图像,从生活图像到社会图像、政治图像,从艺术图像到娱乐图像、商业图像,五花八门的图像相互杂糅与拼贴,营造出一个又一个视觉奇观,而审美体验也逐渐走向了虚拟性、交互性和平面性。短视频的出现造就的是一种复杂的视觉文化景象,在技术优势下它极大地释放了大众进行图像生产和消费的热情。在这场"大众狂欢"中,"短视频以自由、轻松、娱乐、时尚和创意为主色调,装扮和丰富着当代文化的形式与内容,并迅速占领市场,成为时代耀眼的符码"。[1]

二、技术对审美的绑架:短视频消费的视觉狂欢及其表征

在人人都离不开智能手机和移动互联网的时代,短视频无疑是放松精神的绝佳渠道之一,与过去的视觉消费形式相比,其内容更为丰富,规模更为宏大,影响力也更为深远。这是一场由技术所策划、驱动与包装的视觉狂欢,归根到底张扬的是视觉体验在文化消费中的重要作用,是对以眼睛为中心的感官效能的进一步释放,也是眼球经济的"新常态"。

---

[1] 高宏存、马亚敏:《移动短视频生产的"众神狂欢"与秩序治理》,《深圳大学学报:人文社会科学版》2018年第6期。

第九章　数字时代的视觉狂欢:论短视频消费的审美逻辑及其困境

(一) 刷屏即"合理": 视觉欲望的凸显

在"机不离手"的情况下,手机正演变成新的"电子器官"(比如记忆、人机交互、文化创造),刷屏正成为日常生活的必需品。而短视频则凭借其独特的视觉体验效果,在"刷屏时代"营造出了一种新的"刷屏美学"。QuestMobile数据显示,2017年1月至2018年9月短视频行业月度活跃用户规模持续增长,2018年9月短视频月度活跃用户数已高达5.18亿人,渗透率46%;而在用户黏性方面,截至2018年6月短视频用户使用时长增长率达340%,单日使用时长超过1小时,人均每日启动8次短视频应用。"刷到停不下来""一刷到天亮"似乎在某些用户那里已成为常态。为何人们对这种"刷屏美学"欣然接受且爱不释手?事实上,除了丰富的图像内容外,短视频之所以保持庞大的点击量和粉丝群,还与人们固有的视觉欲望有关。观看活动是人的基本生存状态之一,人与其所处的世界的关联在很大程度上也是通过视觉观看活动来实现的,人天生有着观看欲求。但这种欲求绝不是类似机械复制的照相机一样的装置,而是"类似无形的'手指'一样的视觉,在周围的空间中移动着,哪有事物存在,它就进入哪里,一旦发现事物之后,它就触动它们,扫描它们,寻找它们的边界,探究它们的质地。因此视觉完全是一种积极的活动"[1],特别是在对象能够提供丰富、有趣的图像信息的情况下,视觉的

---

[1] 鲁道夫·阿恩海姆:《艺术与视知觉》,滕守尧译,中国社会科学出版社,1984,第48页。

积极性将进一步增强，而短视频新奇有趣的题材、别出心裁的剪辑、夸张搞怪的特效则无时无刻不在调动着视觉的积极性。

值得注意的是，在这种视觉活动中，观看绝不只是去看，一方面，它意味着一种权力关系，在这种关系中，观看者优越于被观看的对象，因为对象被置于"被看"的位置；另一方面，它意味着一种欲望关系，在这种关系中，视觉欲望不仅包含了一般性的视觉快感，而且隐含了更为复杂的窥视癖。在短视频中，这种逻辑最具代表性的呈现无疑就是身体的狂欢与消费。从打扮时尚的帅哥美女，到日常的钓鱼、吃饭、做菜，到各类特色的身体舞蹈，如海草舞、喵喵舞、开车舞、拍灰舞，甚至到跳冰河、活吃蛇、吞钢钉等身体表演。为了博取眼球，身体可以几乎充当任何"角色"，而观者则在这场由"他人"构建的视觉叙事中享受着视觉快感，满足其窥视心理。不仅如此，观者还可以通过评论、私信的形式与对象进行实时互动，从而保证视觉欲望得到最大限度的满足。另外，技术在这里的作用也不可忽视。为了不断刺激和强化主体的视觉欲望，短视频App的交互设计也"别有用心"。例如，抖音只需要向上滑屏就可以轻松切换到下一条信息，今日头条的"精彩小视频"栏目则只需要向右滑屏即可。这种界面交互模式无形中鼓励了用户不停浏览，甚至容易患上"刷屏上瘾症"，而用户对这一进程往往是不自觉的。可见，短视频所引发的刷屏热潮自有其合理性，在某种程度上，主体的视觉欲望与刷屏的进行其实是相互促进、相互作用的。

（二）好看即"正义"：视觉奇观的营造

由于图像的生产传播变得极其简单，因此如何在五花八门的图像洪流中抓取眼球，是短视频生产者们最关心的事情。这使得制作者们格外注重图像内容的品质，不仅要"有趣"，还要"有料"。总之，好看才是"正义"。这里的"好看"既可以有审美性的内容，也不排斥"审丑"。也就是说，美丑不是评判短视频好看的标准，好看简而言之就是要有吸引力，能够使观者在观看过程中产生快感。于是，为了满足用户对好看的需求，短视频生产者绞尽脑汁制造出了一系列的视觉奇观，用以激发消费者（也包括他们自己）的幻想和欲望。比如，快手用户"吃货凤姐"表演吞灯泡、金鱼和仙人掌，迅速引来超过10万名粉丝围观；抖音用户"密子君"则凭借超大胃口直播吃各种海量食物，《速食10桶火鸡面用时16分20秒》曾经获得超过173万次的点击量。这些别具风味的视频在各大平台有着强大的吸引力。

"奇观"在这里主要有两层意思：首先，短视频自身的构成更加倾向于表层的、直接的视觉快感，而非内在的、深度的意义。其次，叙事性和文学性在短视频中几乎消失不见了，有的只是观赏性。文本不再屈服于其他非视觉性的要求，而是服从于自身的视觉奇观要旨，进而实现了图像自身的纯粹视觉艺术本体论。当"密子君""狂吃"时，她并不会对这些食材本身做任何审美性的介绍，甚至不会过多关注吃什么，只是意在凭借"吃得多"这一奇观特点吸引观众。实际上，用户本身也是带着猎奇心理观看短视频的,并不会过多希望"短平快"的短视频具有多么深刻的文化内涵,只要好看即可。这是一种双向的契合。在经历了后现代拼贴、戏仿、开放、颠覆、反艺术等文化观念的长期浸润后,图像审美早就被消解了深度性,这是当代文化场域内任何生产者的共同习性。在这种语境下,图像不仅是被"看"的,还是被"玩"的,如快手的广告语就是"6亿人在玩的App",土豆转型短视频平台后的口号也转变为"只要时刻有趣着"。从某种程度上讲,正是这种心态为一个又一个视觉奇观的培育提供了土壤。

(三)展示即"正途":视觉权力的构建

视觉展示往往带有鲜明的权力特征。马丁·杰伊曾指出,我们处在一种"视觉政体"之中,视觉具有强大的规训性力量。但在不同的视觉方式中,权力机制却并不相同。福柯曾用全景敞视监狱来隐喻视觉展示的权力逻辑。在他看来,"全景敞视监狱是一种分解观看与被观看二元统一体的机制。在环形边缘,人被彻底地观看,但自己不能观看;在中心瞭望塔,人能观看一切,但不会被人看到。"[1]这种视觉机制集中反映了观看者在观看中的绝对权威以及被观看者的被动性地位,展示在这里仅仅只是观者的欲求,被观看者被迫生活在观看者的眼光之下。德波却认为现代社会已经成为"景观社会",在景观社会中被观看者获得了权力

---

[1] 米歇尔·福柯:《规训与惩罚:监狱的诞生》,刘北成、杨远婴译,生活·读书·新知三联书店,2003,第226页。

第九章　数字时代的视觉狂欢:论短视频消费的审美逻辑及其困境

而不是被施加了权力。这种视觉机制的代表就是"全景敞视舞台",在这种机制中,舞台处在中间地势较高的台子上,观众席组成一个圆环形或者扇形包围着舞台中心。尽管处在舞台中心的表演者是被观看者,但是他或她的展示活动却是主动的,并渴望受到关注,他或她也不会去看某一个具体的观众,观众在这里被当作一个模糊的群体,而不是某一个具体的个体,与其说他或她的目光是在注视着表演者,不如说是被拉到对象身上去的,在这里丧失了主动性,观看朝着有利于被观看者的方向发展(如掌声、荧光棒、尖叫声等就是确认了被观看者的影响力)。

这两种机制都从权力的角度来解释视觉现象,他们均强调的是一种基于"在场"的视觉权力关系。作为一种视觉形式,虽说展示是短视频最重要的功能,但它发生权力关系的场域却是非在场性的。从技术角度看,短视频的展示不仅基于虚拟的互联网,还具有强大的社交功能,观看者和被观看者都可以以一种虚拟的身份实时地在线互动,这就与电影、电视等单向性的非在场展示活动存在重大区别。在这里,观者尽管饶有兴致地被吸引进展示程序之中,但不可能以一种掌握性的、规定性的眼光去注视被观看者,也并非完全丧失主动性,他或她可以以在线评论的方式去表达自己的观点,以展示自己的在场;而被观看者也不是仅仅专注于表演而忽视个体的演员(因为表演在这里是提前编排且经过技术处理的),也要根据观者的建议或评论及时改进表演,以维护关注度。可以说,在短视频这种视觉活动中,展示不仅是观者的欲求，也是被观看者的目标。由此看来，短视频更为接近"全景敞视舞台"的逻辑。如果说，"全景敞视舞台"机制的目标在于生产它所需要的对象，它就会使被观看者遵循观看者的逻辑去生产内容，即观者因为重视和消费这些图像而受到影响，图像因此就成了能产生权力的资本。在这里展示是与资本（商品资本和文化资本）直接挂钩的，展示就是资本，谁掌握了展示权谁就掌握了权力。正是基于这一逻辑，短视频才被个人、群体或者组织所接受，成了他们构建权力、展示意识形态的舞台。无论是草根群体的个人化展示（身体、生活），还是主流意识形态对公共生活乃至国家生活的展示，刷屏时代的短视频正在依靠其特有的"展示"功能营造着"大众狂欢"盛宴。

正如巴赫金所指出的："在狂欢节上，人们不是袖手旁观，而是所有的人都生活在其中，因为从观念上说，它是全民的。"[1]以往存在的等级关系和官衔差别系统在这里暂时被取消，笑谑占据了主导地位。笑谑针对一切，也针对发起者本人，是对传统神圣物的忽略。总之，在狂欢中表演与宣泄才是终极目的。毋庸置疑，这一复杂的视觉文化现象与狂欢的逻辑是极为契合的。无论是观者还是被观者都格外重视观看活动所带来的快感以及权力效果，而视频内容本身的审美性则不再是首要的参考系，或者说由技术所驱动的视觉狂欢超出了审美的效应，审美沦为了技术的外衣。

---

[1] 米哈伊尔·巴赫金：《巴赫金全集（第四卷）》，白春仁 等译，河北教育出版社，1998，第127页。

三、审美对技术的超越：短视频消费的视觉伦理与正义

不可否认，短视频消费的盛行的确为大众的审美活动带来了便利，在这个"狂欢"的世界中人人都可以展示自己的意识形态。然而，"狂欢"所带来的问题也值得关注。一方面，"狂欢"作为一种混杂的意识形态容器，既可能产生好的效果，也可能产生不良的效果；另一方面，"狂欢"作为一种以宣泄为目的的表演，决定了它在审美层面恰恰是反深度性的。以抖音平台为例，近年来为了博取观众眼球，一些视频制作者不惜挑战道德底线，对低俗内容予以最大程度上的放纵与展示，如"洗澡门""更衣门""马震门"等事件，均造成了不良的社会影响，而观众似乎也对这些内容不加筛选，沉溺于表层叙事所带来的感官体验无法自拔。这最终将造成视觉形式与意义关怀的失衡状态，进而弱化甚至消解图像时代应有的意义深度与审美内涵。

从根本上，短视频强化的是"看"与"被看"的主体意识及其内在张力，视觉在此成了一个意义的生产和竞争领域，"它不但是社会互动的场所，也是根据阶级、性别和种族身份进行界定的场所"[1]。在这个场所中，对快感的激发和形式的关注超越了图像本身的意义关怀，并以数字时代的图像逻辑建构着自身的道

---

[1] 尼古拉斯·米尔佐夫：《视觉文化导论》，倪伟译，江苏人民出版社，2006，第4页。

德范式和审美取向。对观者来说，视觉窥视这一在传统社会被边缘化，甚至被当作非道德化行为的视觉活动，成为当代人的常态。观看当然是每个人的生理欲求，但在现代视觉机器的作用下，急速膨胀的图像内容却使主体面临越来越多的诱惑与刺激，使原本被印刷文化所遮蔽的原始观看欲望被激活。而互联网所创造的虚拟观看情境，则使得窥视更为自主和随意，降低了窥视的风险性，于是传统观看行为的伦理规范便失去了约束力。对被观看者来说，视觉展示转变为一种极其个人化、自主化的行为，社会常态的理性与伦理约束逐渐被个人化的展示欲求所超越。当私人的展示欲与资本的逐利性相契合，便会创造越来越多的视觉诱惑，于是文化生产者的责任很有可能被消解，文化消费者的品位也有可能降低。

那么面对技术红利，审美真的无法秉持其固有的价值吗？或者说短视频真的无法在美学价值和技术价值之间取得平衡吗？答案显然不是。尽管面对文化消费主义与文化工业化语境，审美不可避免地遭受了资本的侵蚀，但正如上文所指出的，审美与技术之间并不存在天然的对立关系，审美既可以和技术融合，当然也可以超越技术。

其一，审美对技术的超越是拯救现代人精神状况的需要。马尔库塞曾将进入发达工业社会之后人的状况归结为单向度的思想和行为模式，认为人的感性能力、批判意识和否定精神遭到了文化工业的指控，人们关于美好生活的理想也受到遮蔽。不可否认，在技术与资本的影响下，人类欣赏文化艺术的权力的确前所未有地扩大了，但其原有的审美品位早已面目全非，这使得现代人沉浸在赛博空间所创造的复制性、模仿性、震惊性的文化氛围中无法自拔，娱乐至死和自我中心主义甚嚣尘上。因此，重新发挥审美的解放性质，使人重新获得自由就势在必行。其二，审美对技术的超越是维持良好的短视频产业生态的需要。任何好的审美文化产品必然对社会发展和人的自由的实现有着积极的推动作用，但如果盲目推行技术崇拜和传播三俗信息，最终将会影响到整个产业的健康发展。目前来看，从最初对"娱乐至死"的批判、对"文化经典濒危"的担忧，到现在的初步接纳，整个社会舆论对短视频已不再持盲目批判态度，而是逐步走向了包容与理解。不仅如此，这一视觉审美形式正逐步成为传播正能量、供给优质文化的重要途径。其三，审美对技术的超越是发挥视觉审美之社会治理价值的需要。电子媒介时代，视觉文化所拥有的强大影响力和规训力不言而喻，其社会治理价值突出体现在视觉与人类基本生存需求的勾连以及视觉图像本身的巨大经济效益。因此，视觉审美既立足于个人的感性审美实践，又立足于具体的物质实践。比如国家博物馆和南京博物馆等开设的"抖音之旅"就将视觉审美的"无用之用"转化为了具体的审美生产力，既成功推广了博物馆审美文化，也满足了大众对时尚视觉文化的需求。

可见，审美对技术的超越应当成为短视频消费的正确方向。目前，由技术所推动的审美形式的变革已经不可阻挡，审美、技术与资本三者之间已呈现出一种辩证协调的态势,短视频消费所带来的视觉狂欢不可避免,问题的关键在于如何最大限度地规避"狂欢"取向,回到"正义"的轨道。一定程度上,短视频之所以盛行还与平台本身所提供的便利的分享渠道与智能算法密切相关。而各大平台看到商机后,并没有适时推出防沉迷系统,对产品内容本身也监管不力,再加上初期举报监督机制不完善,最终造成了不良信息的泛滥。说到底,短视频消费所带来的视觉狂欢张扬的是感性的欲望,"感性泛滥"对图像深度意义的消解以及对人的主体性的透支是主要问题所在。因此,理性、沉思等的回归才是解决问题的根本。毕竟任何人在扑面而来的视觉信息面前,天生就存在看的欲求。无论是对观看者,还是对被观看者来说,如何在技术化和视觉化语境中重建自身的主体性是问题的根本。

首先,重建主体性要处理好技术和资本的关系。纵观短视频产业的成长史,技术层面的支撑虽然是基本性的,但其产生的巨大社会影响则依赖于资本介入技术后对产业化的推进。正是在资本逐利性的作用下,短视频的消费乱象才产生。因此,既不能盲目排斥技术,也不能任由资本主宰技术。如果一味追求技术的资本价值,对其产生的不良影响予以忽视,那么技术所带来的就不是社会的进步,而是历史的倒退以及人的精神世界的退化。实际上,人们还应注意到,资本所带来的异化现象其实并不在于资本本身,而在于其运行的社会经济制度。正如马克思所言:"资本不是一种物,而是一种以物为中介的人和人之间的社会关系。"[1]在积极层面,资本的发展能带来社会关系和社会交往的进步,并创造新的社会形态,让社会中的被压迫阶级从繁重劳动中实现身体解放,实现感性解放。[2]

其次,重建主体性要培养良好的审美品位。阿苏利指出:"好的品位给人以好的判断力以及根据不同场合做出正确回应的能力。"[3]不仅如此,在工业化时代,审美品位已然成为社会和经济常态的战场,"审美,绝不再仅仅是若干艺术爱好者投机倒把的活动,也不只是触动消费者的那种无形的说服力,品位的问题涉及整个工业文明的前途和命运"[4]。因此,好的审美品位不仅关乎主体自身的精神愉悦,也关乎整个社会经济的发展。在视觉经济背景下,这种审美品位突出体现为在平衡好技术和审美需求基础上所建立的健康、积极、包容、友善的人文主义精神,是人类充分发挥视觉技术的审美潜能之后积极实现自身的自由(尊严、价值与感性解放),并以审美推动社会发展进步的充分体现。

最后,重建主体性还必须积极培育主体的批判精神。正如凯尔纳所说:"在媒体奇观时代,生活本身已经被电影化了,我们

---

[1] 马克思、恩格斯:《马克思恩格斯文集(第五卷)》,人民出版社,2009,第877页。

[2] 舒开智:《审美正义:审美资本主义时代的美学问题》,《马克思主义美学研究》2017第2期,第107—119页。

[3] 奥利维耶·阿苏利:《审美资本主义:品味的工业化》,黄琰译,华东师范大学出版社,2013,第17页。

[4] 同上书,第9页。

像制作影视作品那样来构建自己的生活。"[1]尽管短视频本身具有一定的叛逆和反思意义,但这种意义在喧嚣的视觉消费语境中迅速消解掉了。因此,人们就需要在这种同质化、伪个性化语境中对技术可能带来的社会问题、精神问题予以充分的关注和思考,及时纠正其中的不良倾向。与此同时,批判还意味着主体要及时反思批判自身,保持清醒头脑和独立意识,避免使自己被技术消费、诱惑和控制。[2]

总的来看,审美对技术的超越并不是对技术的全面否定,它必然借力于以数字技术为代表的现代科技的发展。因为数字化时代的真谛,恰恰体现在"它在赋予个人更大权力的同时,也要求个人为他们自己的行动以及他们所创造的世界担负起更大的责任"[3]。因此,作为人的一种存在方式,如何在虚拟的视觉世界形成一种具有审美价值的精神活动,进而确保人在技术统治下保持自身的独立和自由,是21世纪人们面对新的技术语境时无法回避的一个核心问题。

---

[1]道格拉斯·凯尔纳:《媒体奇观:当代美国社会文化透视》,史安斌译,清华大学出版社,2005,第6页。

[2]张跣.重建主体性:《对"网红"奇观的审视与反思》,《中国青年社会科学》2016年第6期。

[3]埃瑟·戴森:《2.0版:数字化时代的生活设计》,胡泳、范海燕译,海南出版社, 1998。

第十章　全球竞争下5G技术与中国文化创意产业的融合新变

世界进入了5G技术的全球竞争新时代。从1G、2G、3G到4G、5G的迭代带来数次转换，领军者三度易主。美国研究机构认定，中国在5G技术的竞争中处于领先地位。

随着5G技术的兴起，全球关于5G的竞争日益白热化。根据GSA统计，截至2020年3月底，全球有123个国家的381家运营商已经宣布对5G进行投资。其中40个国家和地区的70家运营商已经推出了一项或多项支持3GPP标准的5G服务。其中，63家运营商已经推出了符合3GPP标准的5G移动服务（含57家全面推出服务）；34家运营商已经推出了符合3GPP标准的5G FWA或家庭宽带服务（含27家全面推出服务）。

竞争如此激烈，这个领域的未来谁主沉浮？为什么要关注5G、研究5G、参与全球5G竞争？美国为什么在5G技术上对中国企业采取围追堵截？中国文化创意产业在这一技术普及以后又将面对怎样的发展变局？

一、互联网时代5G技术的全球竞争

5G指第五代移动通信技术,与4G相比,它在技术上的进步表现如下。

第一,速率更高。网络峰值速率能达到10Gbps,相当于几秒钟就能下载1部超高清电影。而4G的峰值速率大约为100Mbps。5G技术为实现VR等技术的日常化和普及化提供了可能。

第二,容量更大。5G技术的基站体积小、能耗低,安装部署的密度可以大大超过以往,克服高频段长距离传输差的问题。同时接入网络的终端数量可以达到100万台/平方千米,这是4G的1000倍,许多常见终端以外的设备也可以纳入网络中。物联网在5G技术之下真正成为可能。

第三,延时更低。5G技术的接入网、承载网、核心网和骨干网等都得到了优化,网络时延能缩短到1毫秒以内,只有4G的1/50甚至更短。无人驾驶等技术在低延时的5G时代可以得到跨越式提升。

5G的价值在于它不仅是4G的升级方案,不仅是信息传输的快、宽、短,还是一场改变世界经济、文化和产业发展的大变革,对世界政治结构也将产生重要影响。5G是当代高科技发展的基础,是推动大数据、人工智能、云计算、物联网、区块链等技术的大平台,将人类社会推向万物互联的智能世界。所以华为创始人任正非指出,5G的价值不在它本身,而是它所支撑的信息系统对未来进步有巨大价值。

5G之所以被寄予厚望，是因为人们已经观察到，自移动通信技术诞生以来，其每一次革命性升级，都曾产生过巨大的社会、经济、文化影响，谁在新一代的移动通信技术中取得领军地位，谁就获得了强大的发展助力。

移动通信技术的出现，是对后世产生革命性影响的开始。1979年日本率先使用第一个商用蜂窝电话系统，第一代移动通信技术（1G）走进人们的日常生活。这是如今已经淘汰了的，以模拟技术为基础的蜂窝无线电话技术。这一发展代表了一个革命性的变化：从集中在两个固定位置之间的通信电话，变为任意位置之间的交流都成为可能。不过，此时的交流受限于最高仅有2.4kbps的速率，仅限于语音，同时有距离限制，串号、盗号等现象频发，即便如此，仍然费用高昂，并不是普通消费者负担得起的。

进入2G时代，关键技术由原来的频分多址、模拟语音调制和蜂窝结构组网革新为码分多址和时分多址，数字通信时代开启。此时的数字信号与模拟信号相比，抗干扰能力变强了，并且能承载更多信息，从而出现了短信功能。2G时代就已经实现将移动通信科技领域的领导地位转变为数十万个就业岗位和数十亿元的经济影响。2G时代有两大标准，以摩托罗拉为代表的美国CDMA标准和以诺基亚为代表的全球移动通信系统欧洲标准。由于短信的发明，GSM标准得到更多用户，并使欧洲诺基亚手机雄踞世界销售冠军15年。2G时代已经可以通过手机简单访问互联网浏览文字，不过网络接入速度慢，成本高。

德国最早投入商用2G，接着是法国、英国、意大利、西班牙和其他欧洲运营商，到20世纪90年代中期2G在欧洲就达到了80%的渗透率。巨大的领先优势让欧洲企业，如诺基亚和爱立信，以及紧随其后的阿尔卡特和西门子等收割了大部分的红利。

在1998年推出的3G相较于2G，第一次从国际电信联盟的角度制定了统一的国际移动电话系统名称和标准。移动通信有了更高的频宽和稳定的传输，速率从千比特每秒（kbps）升级为百万比特每秒（Mbps），全球范围内的漫游，图像、音乐和视频的传输也成了可能。

此时，2G的成功让欧洲在面对技术革新时产生了犹豫，而日本抓住了至关重要的先机。他们迅速在1999年推出了i模式，开创了社交网络和音乐服务，其封闭的生态系统带来了巨大的商业机会。2007年开发者通过这一模式获得了90亿美元收益，并且在2008年增长为128亿美元。在2001年10月到2002年12月之间，日本就推出了3个3G网络，让手机随时随地支付和娱乐成了巨大的获利手段。[1]

4G在2008年发布，流媒体和图像终于能够以较高的质量快速传输，速度、容量和稳定性都得到极大提升，速度提升到了

---

[1] Sheik Taher Abu, "Technological innovations and 3G mobile phone diffusion: Lessons learned from Japan," *Telematics and Informatics* 27（2010）: 418—432.

100Mbps以上，比当时家用的宽带要快得多。移动通信服务偏向于移动互联网，崭新的行业形态纷纷出现。而对于过去宽带网络无法覆盖的地区，4G的出现提供了通向互联网的方便法门，成为后发地区在互联网时代的跨越式发展工具。

2008年之前，欧洲占据世界绝大多数移动设备市场。然而，在一阵喧嚣的成功之后，欧洲失去领导权，导致了巨大的就业损失和该地区电信硬件、软件产业的急剧萎缩。欧盟委员会的数字经济和社会发言人后来说："在2008年的移动设备行业，我们有80%的市场。因为我们还没有准备好4G大规模部署，欧盟工业几乎失去了它手机的整个市场份额。"失去互联网的领导地位，其后果是持久的，而且很难克服。尽管欧洲觉醒，开始投资于5G，但欧洲国家相对于其他国家已经远远落后，被挤出5G全球比赛的第一梯队。

日本是3G时代的领跑人。但从3G向4G网络转型时期，日本与欧洲2G的经历相似。由于缺乏前瞻视野和先期布局，进入4G时代，大多数日本企业无奈退出了手机业务，日本失去了3G阶段曾拥有的领导能力。

美国的转机始于2008年苹果公司基于3G的iPhone手机推出，这迅速将美国的3G渗透率提高到82%。借此契机，美国移动运营商投入了一千多亿美金建设移动网络。2011年美国与日本率先推出4G，直到2016年美国成为第一，赢得了4G的竞争，从此美国公司控制了全球创新的节奏。领航4G以来，美国的

GDP增加了1000亿美元，相关无线行业工作岗位增加了84%，美国公司因此获得至少1250亿美元的收入，并且为美国公司和应用开发商带来了超过400亿美元的额外应用商店收入。

中国的起步不早，直到1987年才正式进入1G时代；1994年，2G在我国落地，发送短信成为可能，BP机和手机也越来越平民化，"大哥大"的造型深入人心，但核心技术和标准被外企牢牢掌握；2009年，工信部发放3G牌照，更高的带宽和更稳定的传输速度让移动互联走入现实，国产手机顺势而起；2013年，4G牌照如期而至，我国自主研发的TD-LTE标准得到了广泛使用，催生了移动支付、短视频等全新业态。

在经历了"1G空白、2G跟随、3G突破、4G并跑"的不断努力后，中国预先布局5G，卧薪尝胆，奋力开创新局面，终于实现"5G领先"。这一方面是源于我国顶层设计的宏观布局，另一方面则来自企业层面的对创新创意的高度推崇和先期预研。

5G时代中美两个大国激烈竞争，中国弯道超车，成为全球5G第一梯队的领跑者。

5G时代前期商用的进展程度实际上与各国政府对5G的认识与关注度，科技治国能力，特别是预判与顶层设计有关。实际上，5G初期，日本、韩国、美国和欧盟的主要国家都提前拍卖了部分5G频段。它们也要求运营商在限定时间内达到相应的覆盖率要求，促使运营商加快了5G建设的步伐。各国制定的政策指向不同，考虑的因素不同，结果呈现了较大差异。

第十章 全球竞争下5G技术与中国文化创意产业的融合新变

美国从战略上进一步提升了对5G的重视程度，美国研究机构Analysys Mason曾受美国无线通信和互联网协会CTIA的委托，在2018年出过一部《全球5G竞速报告》，对全球10个主要国家的5G准备就绪程度做过排名，其中美国排在中国和韩国之后，居于第三。

在一年以后，报告便更新了排名，美国与中国并列第一。证明美国在5G方面不断加大投入，加快准备步伐，为争夺行业领先做着积极准备。美国在这一年采取的主要措施是于2018年实施了重大的基础设施改革（如与小型蜂窝基站选址有关的改革）和5G频段的拍卖。研究报告认为，中频频谱对于早期5G部署非常重要，也是5G服务的重要组成部分，美国认为目前自己的差距就在这里，而领先于其他国家的地方在于5G的毫米波频谱上。

报告预测在2020年，超过40个国家的80个运营商会提供5G服务。大约有16个国家在5G准备就绪程度排名表中分列在三个梯队里。这个排名是依据频谱和基础设施政策、产业投资和政府总体支持进行的。第一梯队为中国、美国、韩国和日本；第二梯队为意大利、英国、德国、中国香港和澳大利亚；第三梯队为西班牙、瑞典、法国、卡塔尔和加拿大。

在2019年的报告里，韩国还排在美国之前，2020年美国已经与中国并列领先。原第二梯队的法国，已经被调整到第三梯队的中后部，意大利已成为第二梯队领先国家，中国香港、澳大利亚晋级。第三梯队仅保留加拿大，而西班牙、瑞典、卡塔尔榜上有名。为什么变化如此之大？这是由于第四次工业革命的变革已不同于先前的规模与速率。这是一次在全球范围展开的各国之间的加速度变革。不进则退，不快则汰，不预则失，不创则败。同时，这场竞争也是一场深刻的国家治理、国家理念、国家文化的比较实践。

新一版的第一梯队情况如下：

中国，领先企业：中国移动，中国联通，中国电信。

由于工业水平和政府支持的结合，中国在5G的竞争中处于领先地位。中国的"十三五"计划旨在2020年发布5G宽带，目前中国的供应商都致力于这一实践。所有主要的无线供应商都进行了广泛的5G试验，致力于5G的商业应用。而政府已经开放了大量的中高频谱，在2018年底全国运营商都已获得100兆赫的试验执照，在2020年全面实施大规模的商业化。

美国，领先企业：Verizon，AT&T，Sprint，T-Mobile，U.S. Cellular。

这一高分反映了美国业界对5G推出的坚定承诺，所有主要的MNO都承诺在2019年推出5G服务，Verizon和AT&T都在2018年推出了5G早期服务。为了支持运营商推出5G，美国联邦通信委员会推出了几项监管改革以消除5G基础设施部署的障碍，许多州已经为小型基站立法。在频谱方面，美国联邦通信委员会是全球首批确认释放毫米波频谱的监管机构之一，已经分配了28GHz频段和39GHz频段的一部分，并且积极推进24GHz频段、

39GHz频段、37GHz和47GHz频段的拍卖。美国在低于3GHz的频谱上也获得了很高的评价,其中很多已经发布并投入使用(包括600MHz频段),还有其他频谱(1.3GHz和1.7GHz)正在研究中。但是,美国在中频带频谱方面的评分很差,2019年期间只有有限的金额(通过CBRS频带)可用,并且未来的分配计划尚未得到确认。

韩国,领先企业:SKT,KT Rolster,LG Uplus。

韩国在2018年中期拍卖了3.5GHz和28GHz频段的频谱,所有三个运营商在这两个频段均获得了大的连续频谱块。运营商在2018年12月推出了商用5G服务,最初提供固定无线宽带接入,并计划在2019年初推出移动服务。政府已承诺进行大规模的5G投资计划。

日本,领先企业:NTT DOCOMO,KDDI,SoftBank。

政府和无线运营商专注于2020年奥运会前的5G广泛部署。日本的运营商在5G测试方面是领先的,并承诺在2019年发布中高频波段频谱。日本政府关注通过5G提高商用服务能力,帮助日本更好应对人口减少与老龄化问题,带动日本高端制造业等行业再度崛起。

欧盟在宏观战略上动手快,行动早。2016年6月欧盟即发布了《5G行动计划》,建议欧盟成员国从2018年开始启动5G网络测试,尽早向运营商开放5G频段,并敦促各成员国在2020年底之前实现5G规模商用。2016年11月欧盟委员会频谱政策小组又颁布了5G频段规划，2017年12月欧盟宣布各成员国就5G技术路线图达成一致准备，统一频率规划和牌照发放。意大利在2018年举行了低、中和高频段频谱的5G拍卖，英国计划在2020年春天启动700MHz和3.6GHz频段的拍卖，以及正在实施多项政策以减少5G基础设施部署的障碍。但欧盟国家总的来说首鼠两端，存在频谱成本过高，监管过度，政策过严等问题，在采用华为技术等问题上表现尤为明显。

美国是最早提出5G战略并实施的国家之一。美国大力支持本国企业去争夺全球5G技术、标准和应用的主导权。2016年以后，美国将5G提高到影响国家安全的高度。

二、中国5G发展正引领全球

在此次全球竞争中，中国举国行动，闻"G"起舞。

习近平高度关注我国5G技术的发展，并高瞻远瞩，为5G时代我国高科技长远、全面的发展做出顶层设计。2019年5月16日，习近平在致第三届世界智能大会的贺信中说："在移动互联网、大数据、超级计算、传感网、脑科学等新理论新技术驱动下，人工智能呈现深度学习、跨界融合、人机协同、群智开放、自主操控等新特征，正在对经济发展、社会进步、全球治理等方面产生重大而深远的影响。中国高度重视创新发展，把新一代人工智能作为推动科技跨越发展、产业优化升级、生产力整体跃升的驱动力量，努力实现高质量发展。"

第十章　全球竞争下5G技术与中国文化创意产业的融合新变

习近平还指出："中国高度重视发展数字经济,在创新、协调、绿色、开放、共享的新发展理念指引下,中国正积极推进数字产业化、产业数字化,引导数字经济和实体经济深度融合,推动经济高质量发展。"[①]

习近平提出了细化的要求:"要发展数字经济,加快推动数字产业化,依靠信息技术创新驱动,不断催生新产业新业态新模式,用新动能推动新发展。要推动产业数字化,利用互联网新技术新应用对传统产业进行全方位、全角度、全链条的改造,提高全要素生产率,释放数字对经济发展的放大、叠加、倍增作用。要推动互联网、大数据、人工智能和实体经济深度融合,加快制造业、农业、服务业数字化、网络化、智能化。"在这里,习近平提出"五新理念":新产业、新业态、新模式、新动能、新发展,这些是创新发展的总体思路;提出"四全措施":全方位、全角度、全链条、全要素生产率,这些是利用新技术的路径与举措;提出"三大作用":放大、叠加、倍增,这些是未来发展的严格而又很高的目标要求。[②]在习近平总书记的顶层设计下,我国5G技术取得了迅速发展。

工信部发布的数据显示,2018年中国工业互联网市场规模达到5318亿元。2019年中国工业互联网市场规模突破6000亿元,

---

[①] 习近平:《推动新一代人工智能健康发展 更好造福世界各国人民》,《人民日报》2019年5月17日。

[②] 习近平:《敏锐抓住信息化发展历史机遇 自主创新推进网络强国建设》,《人民日报》2018年4月21日。

达到了 6110 亿元。之后五年（2020—2025）年均复合增长率约为 13%。随着产业政策逐渐落地，在新基建的推动下，市场将有望加速。预计在 2025 年中国工业互联网市场规模将突破 1.2 万亿元。根据预测，2030 年，我国 5G 间接拉动的 GDP 增长将为 3.6 万亿元。

2019 年 6 月 6 日，我国正式发布 5G 商用牌照，基于领先技术的支持，加上全球最大的用户规模、巨大的 4G 网络基础、丰富的移动互联网应用等明显优势，我国 5G 商用牌照的发放可谓水到渠成。业内认为，政府高度重视、企业积极抢滩，"中国 5G 发展引领全球"成为基本事实。

2019 年 3 月 20 日，工信部发布《关于推动工业互联网加快发展的通知》（以下简称《通知》），明确提出了加快新型基础设施建设、加快拓展融合创新应用、加快健全安全保障体系、加快壮大创新发展动能、加快完善产业生态布局、加大政策支持力度 6 个方面 20 项具体举措。

从 5G 技术发展看，工业领域是 5G 的主要应用场景。5G 商用发展的重点是促进实体经济数字化、网络化、智能化转型升级，为各垂直行业和领域赋能赋智。

当前，我国新型工业化发展步伐加快，工业领域已成为实体经济转型升级的关键领域。5G 在工业领域的成功应用将为 5G 发展开辟更为广阔的市场空间，有力拉动 5G 技术和产业进一步发展成熟，促进我国商用 5G 发展向更高水平迈进。

第十章　全球竞争下5G技术与中国文化创意产业的融合新变

2019年我国已在50个城市建设了5万个5G基站，2020年作为5G爆发之年，我国进一步完成30万个5G基站的建设目标，在所有地级以上城市提供5G商用服务。另据赛迪预计，未来5年，我国将至少建设1140万个5G基站。同时，2020年无论运营商、电信设备厂商，还是手机终端厂商，都已经全面展开了5G网络布局，尤其是各大手机厂商之间的5G手机市场竞争已经全面开启。

我国目前已有几十家企业或机构成了3GPP的伙伴。以华为为例，由其主导力推的Polar已经成为5G控制信道编码标准，是中国在信道编码领域的首次突破；华为在德国柏林消费电子展上率先推出了全球首款旗舰5G系统级芯片——麒麟990 5G。业内认为，在5G商用元年，我国不但拥有自己的通信标准、全面领先的5G系统级芯片，而且还能在第一时间获得出色的5G终端体验和丰富的互联网应用。

越来越完善的5G网络，也将会尽快地融入各行各业中去，为普通消费者提供服务，尤其是对于未来的AI、物联网、AR、VR等众多技术都有着极大的推动作用，消费者也能够享受到更加丰富多彩的5G网络新体验。

5G时代的话语权还体现在设备厂商拥有的专利数量上。数据显示，截至2018年底，中国5G专利申请数量位居全球第一。其中，华为在5G专利的排名全球第一，中兴通信则位列全球第三。根据德国专利数据公司IPLytics分析统计，截至2019年3月，中国厂商已申请的主要5G标准专利数量全球占比为34%，远远高于韩国的25%以及美国和芬兰的各14%[1]。

总之，凭借超前的战略布局和人才储备，我国5G在全球范围内的专利积累、标准影响力、智能硬件设备的制造以及应用场景开发等方面都具备了明显的先发优势，也为我国的5G发展夯实了基础。同时，我国将坚持共商共建共享的中国原则，愿同世界各国分享包括5G技术在内的最新科研成果。

三、5G时代高科技对文化创意产业的数字化支持

5G技术对文化创意产业的重要功能和最大影响在于它提供了更快捷和更大容量的网络连通，支持了数字化的多种技术发展，并与文化、艺术、社会融合，创造出新的业态。

5G支持的运用于文化创意产业的新技术十分丰富而且奇特。

从视觉技术来看，有融会3D再加相关情境设置的5D动感影院，由立体电影和周围的环境模拟组成的虚拟空间共同打造的全新视听系统；有利用高流明投影机将影像投射在建筑体表面3D投影技术；有能够眨眼拍照、转弯导航、室内地图放映、位置分享签到的谷歌眼镜；有基于"实景造型"和"幻影"的光学成像结合的幻影成像系统。

---

[1] Tim Pohlmann, Knut Blind and Philipp Heß, "Fact finding study on patents declared to the 5G Standard," January 21, 2020, accessed January 23, 2020, https://www.iplytics.com/wp-content/uploads/2020/02/5G-patent-study Tu-Berlin IPlytics-2020.pdf.

第十章 全球竞争下5G技术与中国文化创意产业的融合新变

从互动体感技术来看，有用身体去感受的体感游戏；有可由多人同时通过手势触摸屏幕多点触控魔幻镜面互动系统；有可由多人同时通过手势触摸屏幕，采用互动投影吧台多视频捕捉技术的多点触摸系统；有对游客的动感实时捕捉与呈现；有游客、观众的3D人像打印等；还有虚拟成像的虚拟解说员、虚拟主持人、虚拟播音员，也有虚拟歌手、虚拟明星如初音未来、洛天依等。

随着人工智能、虚拟现实技术和增强现实技术逐渐成熟，虚拟驾驶利用现代高科技手段：三维图像即时生成技术、汽车动力学仿真物理系统、大视野显示技术（如多通道立体投影系统）、六自由度运动平台或三自由度运动平台、用户输入硬件系统、立体声音响、中控系统等，让体验者在一个虚拟的驾驶环境中，感受到接近真实效果的视觉、听觉等体感，模拟驾驶飞机、飞船、射击、划船、运动、打高尔夫、骑车、骑马以及综合性的虚拟漫游、虚拟博物馆观览。

运用三维动画、人机互动红外感应处理、大屏幕显示、投影机背投等技术实现了悬浮于空中的三维幻象，它拥有高度仿真的对比度和清晰度，可营造亦幻亦真的氛围，具有强烈的立体纵深感，真假难辨效果奇特。还可以通过视觉识别系统识别走过互动区域的观众游客的动作、行为，并融入制作好的实时交互画面。它可以让游客在水面滑翔，脚下涟漪朵朵，调皮的鱼儿机灵地躲避脚步。

新技术每天都在诞生。而这些新技术在5G基础上，利用人工智能、大数据、物联网、云计算、区块链等，突破时空限制，连接各类主体，构建联动交互的数字创意生态，实现融合创新应用。5G数字平台并不直接生产产品，而是依靠技术手段促成双方或多方共赢。它支持的数字创意平台的独特优势在于，数字创意平台可以打通创意者、制造者、运行者、消费者和金融家、投资者之间的联系，将创意设计与市场需求沟通融会；可以将政府部门、科研机构、生产企业和行业协会连接起来，实现线上线下联通互动，各方信息交流共享，全局发展统筹安排，前沿技术互通互学，资源合理调配，全面提高5G加持下的文化创意产业的高质量升级换代。

然而没有人文，没有人的需求的技术必定是死的技术。当前最抢手的手机所有的技术改进都是源于人的全方位的需求。特别是人的精神（尊严、信心、自主、自由、平等、爱怜）、文化、心理、美学、艺术，以及休闲、游戏、玩乐、养身、健身的需求。没有内容，一切都将无法实现。内容为王、创意为王，一直是供给侧改革的核心。上述一切新技术，不只开拓了新领域、新境界、新表达、新展陈等，还为人类命运共同体的实现，城市的优化，自然、历史与社会的改造重建创造了新机遇，提供了新可能。为人类思维与视野的拓展、精神与文化的创新提供了不断升级的技术支持。

当前5G技术已经全面促进了当代社会的进步。我国100多个城市已经建设起数字化的文化云服务系统，其中上海文化云、天津文化云、北京文化云等已经建立了公共文化服务和文创产业融合的新机制。从宏观视角来看，5G关联的众多方面都与文化创意产业紧密相关。它带来的跨时空的全球文化的交流、沟通和对话，大大推动了世界文化创意产业、创意经济的快速发展，推动了关于人类命运共同体的构建。

四、5G时代的文化创意产业的数字化发展：直播、短视频、云游戏

那么，5G对文化创意产业领域各个门类有哪些重大影响和作用？我们先看当前最引人瞩目的直播、短视频、云游戏。

在5G商用背景下，直播产业获得了全球瞩目的成就。2016年直播起飞，发展的初期只是网红秀颜值，歌手秀歌喉，然后开始秀内容，都是为了提高粉丝黏性，以及用户在平台的停留时间。从最开始的秀场直播到生活类直播，从娱乐直播到户外直播，从游戏直播到电商直播，无数粉丝已将其推至主力地位。直播在4年的发展中走过了初创期、快速发展期，进入到今天5G支撑下的爆发期。下一步直播电商将从群雄混战逐步走向头部化。到2020年，中国在线直播用户规模将达到5.24亿人，涵盖了少儿、青年、中老年等各个阶层的观者。看直播成了人们的上网习惯。艾媒咨询分析师认为，庞大的直播用户体量是直播电商行业进行商业变现的前提之一。数据显示，2019年，中国直播电商行业的总规模达到4338亿元，预计到2020年规模将翻一番。

资料来源：艾媒数据中心。

图10-1　2016—2020年中国在线直播用户规模及预测

相对于传统电商模式，直播首先是文化事件。直播具有实时互动性，这种互动包含了弹幕和图像传输互动，如斗鱼传播模式。直播还具有特定传播性。这种传播性不同于普通传媒，人人都可以成为主播，无论现实主播怎样，只要他在网络上有人气，有人看他可能就具备与众不同性，或动作或长相或声音，尤其着重强调声音的传播特性，最近的有斗鱼的冯提莫唱歌，吸引大批粉丝为其刷礼物。

直播电商的本质还是电商。从文娱消费逐渐走向电商模式，淘宝带货方式与偶像歌手吸引粉丝方式融合为现今的直播文化电商模式。它在产品呈现形式（文化、艺术、娱乐、颜值）、时间成本、社交属性、购物体验感和售卖逻辑多个维度都具有显著的优势。艾媒咨询分析师认为，随着互联网技术的发展，以直播为代表的关键意见领袖带货模式给消费者带来更直观、生动的购物体验。这种模式转化率高，营销效果好，逐渐成为电商平台、内容平台的新增长动力。

第十章 全球竞争下 5G 技术与中国文化创意产业的融合新变

在 5G 商用条件下，视频产业与市场大大扩展和创造了应用的能力和范围。电视大屏随着传输条件的改变，可以支持视频制作与播放；数字超高清视频使视频博客有了进一步展开的空间。将来可以应用 VR 与 AR 技术增加博客的视觉场景，将大大超过传统文字博客。韩国平昌冬季奥运会现场视频直播、中央广播电视总台 5G 多媒体平台都率先实现了 5G 播放。

目前更突出的是 5G 支持下的短视频的巨量爆发，创造了一个前所未有的万屏喧哗的局面。在互联网文化消费市场，以抖音、快手等为代表的短视频开始超过直播的热度，既是横扫千军的"巨无霸"，又是自发、低质的代名词。数据显示，2018 年中国短视频用户规模达到 5.01 亿人，市场规模 116.9 亿元，2020 年用户规模将超过 7 亿人，市场规模接近 400 亿元。[①]以 2018 年 12 月为例，中国短视频月使用总时长达到 167.6 亿小时，同比上涨 170%，超越在线视频成为仅次于即时通信的移动互联网第二大行业。[②]这意味着短视频的成长其实还有大众泛娱乐需求层面的支撑。2019 年内容领域的泛生活类内容增长最快，增幅接近 2 位数。在各大垂直内容类型中，时尚、美妆、运动、汽车等表现增长。但过简、过载、同质化高的泛娱乐内容给用户带来了

[①] 《2018—2019 中国短视频行业专题调查分析报告》，https：//www.iimedia.cn/c400/63582.html，访问日期：2019 年 3 月 8 日。

[②] 《短视频行业深度报告：从抖音爆发探究私域流量变现的可能边界》，https：//www.vzkoo.com/read/9f755490fb33245194b8402ff1288a9f.html，访问日期：2020 年 3 月 2 日。

183

审美疲劳,致使其在2019年下滑10%以上,占总内容的六成,降温明显。分析全网粉丝量10万名以上的活跃红人,卡思数据发现:仅有"颜"而没有"技""艺"的红人同比下降8%,光靠颜值的时代一去不返。其中,以抖音、快手平台的变化最为明显,降幅都达到了10%以上。这说明以青少年为主的短视频粉丝群对审美感知、文化需求、知识内容等素质养成内容的需求有了新的提升。

从全网红人总量看,网络红人数量平均每月以1.4%的速度上涨,较2018年明显放缓。其中,粉丝量50w以上的活跃红人保持高增长状态。从红人数量和卡思指数看,搞笑、小姐姐、小哥哥、音乐舞蹈4类别依然领跑。除此之外,随着影视、综艺纷纷将短视频平台作为其核心宣发平台,以及各类影视剪辑与创意类账号增多,影视娱乐类关键意见领袖开启了"疯涨"模式,从行业下游升至中上游。

据京东报告,根据商品短视频2019年度的数据表现,短视频发展有五大趋势:2020年,5G、人工智能等新技术的发展将从根本上促进短视频服务模式、服务能力的创新;短视频内容将全面覆盖多个零售场景,并对各个场景下的业务转化持续产生越来越显著的影响;短视频业务将进一步深入渗透商品的全生命周期,从最初的售前阶段不断深入售后阶段,后续可以期待它将给线下引流线上带来新思路;在内容电商场景下,短视频注入的社交性和互动性继续吸引用户关注,引导用户从娱乐诉求向获取知识、自我价值实现等多维内容诉求迁移；视觉内容的版权价值最大化释放也将成为行业发展演进中的新赛道。[1]目前，利用短视频传播正能量与高雅审美品位已经成为整个产业新的增长点。后来者若要存活下来，比拼的不仅是内容出品质量，还包括特色人设定位、内容精细化、粉丝运营和流量操盘的综合能力。数据显示，2019年中国短视频用户使用动机中，分享生活精彩、学习知识技能的份额分别占据了64.3%和63.3%。[2]而随着产业链中"专业人士创作"和"专业机构创作"两种新模式的发展以及个体化的零散操作，这一趋势还将越来越明显。这种审美对技术的能动效应，为短视频的发展带来了广阔前景。

5G条件下的云游戏高速增长。游戏产业是全球增长最快的产业。电子游戏诞生以来，游戏载体从专用游戏机发展到电脑，再发展到手机，越来越便捷化。游戏门槛的不断降低以及游戏使用场景的增加，扩大了用户规模。2018年，中国游戏市场规模379亿美元，在全球市场占比27%，在亚太市场占比53%。5G技术的应用带来了云游戏的快速发展。云游戏是一种以云计算为基础的在线游戏技术，使图形处理与数据运算能力相对有限的设备亦能运行高品质游戏。云游戏不再在本地终端（手机、电脑、

---

[1]《2019京东商品短视频报告》，https://finance.sina.com.cn/stock/relnews/us/2020-03-06/doc-iimxxstf6823275.shtml，访问日期：2020年3月10日。
[2]《短视频行业深度报告：从抖音爆发探究私域流量变现的可能边界》，https://www.vzkoo.com/read/9f755490fb33245194b8402ff1288a9f.html，访问日期：2020年3月2日。

VR、一体机等）运行，而是直接在云端运行、渲染，然后将视频流进行压缩通过高速网络传输到终端上，即直接把游戏客户端放在云上。下一步云游戏将向"流媒体平台"形式发展，无须下载，只需一个简易的浏览器即可畅玩各种大型游戏。云游戏意义重大，它将降低优质游戏获取门槛，降低硬件要求，允许用户在多平台通过移动网络体验之前必须在主机或PC端才能体验的AAA游戏。5G基础建设的高速发展，推动了"云游戏"市场加速扩张。未来"游戏订阅模式平台"的市场占比将逐步提升。据IDC（互联网数据中心）报告预测，至2025年，游戏订阅模式收入将占据全球游戏市场份额的26%。用户数量增长将进一步带动游戏中道具销售等收入同步提升41%。无疑，5G将成为云游戏升级换代的最大推动力。[①]

五、5G时代的文化创意产业的数字化发展：数字设计、线上影视、智能旅游

5G大力支持视觉影视融合的新业态，如线上电影（影院电影的线上版本）、网络大电影（网络播放的大电影）、网络电视剧、网络综艺节目、网络游戏、网络小说、短视频、网络直播等各种数字娱乐。以5G为基础的智慧院线，大幅提升院线的数字运营能力和数字管理能力，包括数字查阅系统，片源的远程发现

---

① 《5G新风口云游戏：大幅提升游戏公司估值中枢》，https://www.163.com/dy/article/EA312PNC05198NMR.html，访问日期：2019年3月18日。

与存储水平,智能订票、检票与统计的能力,并不断提升超高清播放的容量与频次。我国网络电视剧、网络大电影、网络综艺节目构成了网络影视的新系统。

5G条件下的创意设计业获得了快速发展。设计是文化创意的核心,是把握产业上游供给侧达到高质量的关口。5G对于创意设计意义重大。国家在〔2014〕10号文件中明确提出文化创意设计要为装备制造业、消费品业、信息产业、建筑业、旅游业体育产业、农业等七大产业服务。5G时代,通过互联网移动网+数字设计、人工智能+数字设计,我国建筑设计、电子页面设计、装饰装潢设计、服装与饰品设计、城市景观设计、工业产品设计、工艺品创意设计,以及会展策划设计、体育赛事策划设计等水平都将全面提高,促进我国创建一大批与各领域融合的文创新业态。

5G技术下的数字媒体产业走向全媒体。我国媒体产业是随着互联网技术的进步而逐步升级的。2G技术催生了新浪、搜狐等门户网站,以及BBS聊天室、QQ等即时通信新媒体,初步实现了以数字化技术为中心的多媒体融合。从3G开始,我国进入了更高更宽的数字技术新环境,创生了微博、微信等社交媒体平台。进入4G,用户群体大大扩展。巨量的自媒体公众号横空出世,极大地提高了多媒体的展示途径和手段。但是3G、4G网络技术仍然不能满足大数据传输、媒介深度融合的要求。网络带宽、速率也限制了4K和8K高清视频、VR、AR、人工智能、物联网的大批量场景应用。5G技术的规模应用，比较完整地解决了多媒体融合运用走向全媒体的大趋势。基于5G云服务的新型媒体游戏、VR、AR、超高清视频游戏正在得到快速发展。2019年初，习近平总书记在中央政治局集体学习时，对"全媒体"概念进行了深入阐发，明确指出，全媒体之"全"由"全称、全息、全员、全效"四个维度构成，大大拓展了全媒体的内涵与外延。未来5G技术下的全媒体产业，不仅要全程跟踪，全员投入，还要全息融合。所谓全息，是指在当前5G互联网移动网信息传输核心技术支持下，与超高分辨率的4K、8K，以至更高的32K的技术相融会；与机器人，虚拟主播等人工智能AI技术相融会；与虚拟现实、增强现实、混合现实、扩展现实，以及与各个算法融会，最终形成全息的媒介新形态和新环境，追求经得起历史和现实检验的21世纪全媒体效果。

数字化对传统演艺产业的升级换代。在5G背景下传统演艺产业正在实现数字化转型，实现与高新科技的融合。高新科技创造的新一代声、光、电演艺装备和舞台技术，基于数字化的艺术表现方式，已在舞台、实景、巨型广场演出中应用，成为演艺产业必须数字化的现实要求和实践模式。互联网、人工智能创造的演艺新业态，以及数字技术对表演艺术项目管理、传播、消费的影响已经越来越成为行业发展的大趋势。从市场角度看，舞台艺术创作、实景演艺创新、文旅演艺产品、戏剧戏曲艺术演出、都在5G时代产生了强烈的与时俱进的创新创意需求。从现有研究来看，行业研究多聚集在某一具体技术的应用层面，而对把握全局的行业顶层设计，对适应新技术的内容创作，对产业运营的生产、流通、传播、消费各个环节的数字化统摄，还处在起步阶段。全行业正在5G推动下走向高质量发展的新阶段。5G背景下的新型数字化文化旅游，是传统旅游的升级换代与高质量发展的必由之路。数字旅游是利用移动网、物联网、云计算、大数据、人工智能技术、区块链打造的全域旅游数字化平台，为游客提供"吃、住、行、游、购、娱、养"的智能旅游。我国首先推出的"一部手机游云南""一部手机游甘肃"旅游服务APP已上线试运行。软件集合了目前国内受到欢迎的AR导航、360°视觉效果等手机软件高科技和超全面的旅游指南。游客通过APP、微信小程序和微信公众号就能一键进入，只要在5G网络覆盖的范围内，通过一部手机，就能够享受游前、游中、游后的全方位全景式智能服务。游客可在手机上远程看景点24小时实时直播；到达景区时，游客可在手机上扫码购票、刷脸快速入园；游玩时，则能通过AI识景长知识。除了上述功能，"一部手机游云南"还可以帮助游客规划行程、查找厕所、智能订车位和无卡乘坐本地公共交通。同时若游客的合法权益受损，遇到困难和危险，可以一键投诉与求助，让游客全流程省心、安心、放心。

5G环境下的旅游是个极其丰富的大融合。夜游经济是旅游中的重要内容，比如，西安"大唐不夜城"若没有了科技支持的梦幻灯光设置，就失去了大部分的魅力。旅游演出中的3D投影、全景式演艺、山水实景演出,越来越依靠高科技的加持。如《天酿》运用科技光影投射创造了似真似幻的奇观,大大减少了演职人员;《云水间》等全程运用精细的数字编程,突出了数字化的演出管理。而故宫的《清明上河图3.0》,则以虚拟现实和增强现实的手段,给游人沉浸式的美好体验。5G环境下旅游数字化科技还创造了智慧景区、智慧酒店、智慧特色小镇、智慧民宿等一系列新景观、新业态。在未来发展的前景下,新技术推动的旅游,将从技术提供的奇观化惊异体验走向更深层次的文化审美回味性体验。如故宫所启示的方向。

5G技术下的数字会展节庆产业与智慧文博将有更大空间。数字会展产业展示了5G技术宽广的用途和强劲的势头。在抗击新冠疫情的特殊时期,各种远程视频会议、大到各国领导人参加的G20会议、全球连线的疫情分析、文化产业复工会议、全国的大学中学小学的网络授课、大型数字化网上展览,小到两三个人的视频会议、语音讨论等,以及大型体育赛事转播、数字化展览、各种现代大型节庆、重大活动安全监控等,都离不开5G时代科创融合的新推动。

5G技术条件推动我国文博业走向智慧化,非物质文化遗产进入数字化传承。博物馆的数字展现能力、数字管理、网络虚拟展馆、智能订票、检票、观览导航与统计、智能讲解、展品安全保护、XR播放全部升级换代。近年来,我国以故宫、敦煌为代表的传统文博经典和一大批新型数字文化博物馆的兴起,打破了文博业只能死守文物，不能进行文博创意运营的束缚，掀起了智慧文博的新浪潮。

当然，本文挂一漏万，无法全面描述5G带给当代文化创意产业与创意经济的巨大变革创新，但笔者依然不揣冒昧试图勾画我国5G现实境况和未来趋势。

总之，5G高科技数字化的多种技术对文化创意产业有着重要影响和强大推动。

一个时代的大变局从这里开始。

第十一章 创意经济是5G背景下粤港澳大湾区发展综合融会的头部经济

中共中央、国务院印发《粤港澳大湾区发展规划纲要》（以下简称《纲要》），引发全国高度关注，也引起全球瞩目。发展粤港澳大湾区是以习近平同志为核心的党中央做出的伟大战略决策，是关乎国家未来发展大局的一着放眼全球的大棋、好棋。它是新时代推动形成全面开放新格局的新举措，也是粤港澳开创"一国两制"融合发展新层次新格局的实践探索。

粤港澳大湾区是深厚浸润与传承数千年中华传统文化的区域，是1840年以来中国近代抵御外侮、抗击侵略，进行不屈不挠伟大斗争的区域，也是新中国成立70年、改革开放40年以来开放程度最高、经济活力最强的区域之一。谋划好、传承好、建设好它，既是实现中华民族伟大复兴的重要途径，也是新时代面向未来的中国梦的必由之路。这是一次新的艰巨挑战，是对世界做出更大贡献的百年大计。

粤港澳大湾区的设立和建设，是十九大以来，以习近平同志为核心的党中央做出的重大战略决策。创意经济作为大湾区综合

第十一章 创意经济是5G背景下粤港澳大湾区发展综合融会的头部经济

融会大发展的头部经济，是5G时代粤港澳大湾区合理可行的战略选择。它以创意经济为总领，融会数字经济、人工智能经济、流量经济、共享经济、文化经济和生态经济，建设文化—科创型国际发展的高端形态。创意经济将成为跨界、跨地域、跨多种经济制度的创新性和探索性经济形态，是内地与港澳经济、科创、文化深度合作创新的重要实践。大湾区发展以创意经济为基础的头部经济，应当构建文化创意经济的新航母发展模式，鼓励和支持促进创意企业大发展的独角兽模式和培育百万创客的满天星模式。

当前我国已将文化产业、数字创意产业、人工智能、共享经济、生态产业，乃至新需求带来的文化消费升级，视为当前调整经济结构，实现稳定增长，推进改革的高端产业形态和目标产业形态。大湾区迫切需要出台宏观层面的顶层设计、改革体制与机制，设立创意经济的顶层管理与运营机制，来协调大湾区当前产业的升级换代，即将数字创意产业、文化产业、旅游业、高科技创新、国际文化贸易、国际文化服务，以及制造业升级换代，进行高端产业形态的综合、协调与融合。而各个城市的政府部门推出的各项政策和措施也需要统合协调，以形成全面合力。

因此我们认为，粤港澳大湾区的未来发展应在《纲要》引领下，以5G为背景，以创意经济引领，来融合数字经济、人工智能经济、流量经济、共享经济和生态经济，形成科创型发展的高端形态。创意经济应当作为大湾区综合融会大发展的头部经济得到优先关照,应当成为跨界、跨地域、跨多种经济制度的创新性探索性经济形态,也应当成为内地与港澳经济深度合作的创新示范区。

粤港澳大湾区在历史积淀、文化传承、科技发展、创新态势、跨界融合等方面均达到一个新的转折点。如何回答历史交给我们的这张考卷,需要我们拿出十倍的勇气、百倍的努力,站在世纪高点审时度势,拼力奋进,勇立潮头,开拓创新。

一、创意经济是大湾区综合融会大发展的头部经济

《粤港澳大湾区发展规划纲要》(以下简称《纲要》)要求:粤港澳大湾区要着力建设国际科技创新中心,构建开放型区域协同创新共同体,打造高水平科技创新载体和平台,优化区域创新环境与信息基础设施,构建具有国际竞争力的现代产业体系,培育壮大战略性新兴产业;加快发展现代服务业,建设宜居宜业宜游的优质生活圈,推进生态文明建设;创新绿色低碳发展模式,打造教育和人才高地,共建人文湾区、休闲湾区,拓展就业创业空间;三地紧密合作共同参与"一带一路"建设,打造具有全球竞争力的营商环境;提升市场一体化水平,携手扩大对外开放,共建粤港澳合作发展平台。

要实现以上这些各自相对独立而又复杂关联的任务,需要探索能够统合这些分散的目标,综合融会湾区粤港澳三方和十一城市科技、经济、文化的首选战略或头部安排,找到抓手,打出第

第十一章 创意经济是5G背景下粤港澳大湾区发展综合融会的头部经济

一轮排炮。

从历史、现实和未来发展看，创意经济是最恰当的选择。我们认为，将创意经济作为大湾区综合融会大发展的头部经济，以创意经济引领、融会数字经济、人工智能经济、流量经济、共享经济和生态经济，建设文化—科创型国际发展的高端形态，是合理的可行的战略选择。

那么，什么是大湾区的头部经济？什么是创意经济呢？

创意经济是当前全球发达国家与新兴国家大力推动的融合型前沿经济形态。联合国相关机构从2008年以来发布六大报告，主推从宏观整体上把握全球经济和产业特别是发展中国家的发展态势的战略、具有跨越相邻产业或经济形态的顶层设计和全方位观照的视野。

联合国贸发会议从广泛的意义上提出了创意经济的定义。

"创意经济"是一个不断演进的概念。概念的基础是创意资产拥有促进经济成长和发展的潜能。

联合国贸发会议对创意经济的最新的解释如下。

创意经济的概念，吸引了所有拥有创意资产和丰富文化资源的发展中国家对创意经济重要性的关注。这些丰富的资源创意产业不仅能使各国向他们自己和世界呈现其独特的文化特征，同时也成为这些国家促进经济发展、创造就业机会和扩大所占全球经济份额的源泉。

如今，创意经济深受日益强大的社会网络的影响。新工具如博客、互联网论坛、维基百科等促进了创意人士、创意作品、创意场所之间的连接与合作。[1]

这里，贸发会议强调了创意经济是一个"相互联结而灵活的网络生产服务系统"，大湾区的未来是粤港澳三地十一城市相互联结的网络生产服务系统，它涵盖了整个价值链。在 5G 支持下日益强大的社会网络如微信、微博、短视频、公众号、创客系列等促进了三地各城市创意人士、创意作品、创意场所之间的连接与合作。报告进一步指出，在创意经济中谁是利益相关者，他们之间的关系如何，创意产业与其他产业之间的关系如何，更好地了解这些问题对于制定实用性政策至关重要。政策的关键目标要具体而不能宽泛，最好不要自上而下或者自下而上，而是要考虑到涉及各利益相关者的所有权和合作伙伴关系，这些利益相关者来自公共部门和私营部门、艺术家群体和市民社会。更具包容性和灵活性的方案会促进有效创新措施的形成，使创意经济具有新的活力。[2]

这一论述强调了更宽泛的经济、文化和社会方面与技术、知识产权和旅游目标之间的互动，还有创意产业实际操作中遇到的多个领域的政策实施的一致性，以及三地各城市政府和经济管理部门的协调行动。

创意经济对于大湾区跨城市跨部门政策协调具有重要意义。

---

[1]联合国贸发会议（UNCTAD）主编《创意经济报告 2010》，中国社会科学院文化研究中心译，三辰影库音像出版社，2011，第 18 页。

[2]同上书，第 35 页。

第十一章　创意经济是5G背景下粤港澳大湾区发展综合融会的头部经济

联合国贸发会议强调了这一超出产业自身范围的跨越。

"创意经济"的出现,"使人们关注到创意作为现代经济生活发展的主要动力所起的作用,说明经济和文化发展并不是相互分离或彼此无关的现象,而是携手并进的,并且是可持续发展过程中的主要部分。尤其是创意经济的概念吸引了所有拥有创意资产和丰富的文化资源的发展中国家对创意经济重要性的关注。利用这些丰富的资源,创意产业不仅能使各国展示自己进而向他们自己和世界呈现其独特的文化特征,同时也能为这些国家提供促进经济发展、创造就业机会和扩大所占全球经济份额的源泉。与此同时,创意经济也推动了社会包容、文化多样性和人类发展。"[①]

所以,我们必须看到,是否在发展的政策上加注"创意""创意产业",是否看清世界创意经济发展的全球化潮流,事关我国产业的高质量发展和产业的升级换代。因此提出并加注创意经济不是一个简单的概念之争。这一概念修正了过往文化经济学中的一些核心问题的规定和理解,也超越了我国在把握整体社会文化发展上原有的藩篱。泰勒·考恩强调了打破原有文化概念的固有圈子,旗帜鲜明地提出了跨界观察运行的新变化。他强调:"创意经济的概念表明,文化部门和非文化部门只有程度之分,没有种类之分。"这也许才是最重要的一点。文化经济学已不再像传统经济学那样,而是更广泛地关注软件、设计、广告、营

[①] 联合国贸发会议(UNCTAD)主编《创意经济报告2008》,中国社会科学院文化研究中心译,三辰影库音像出版社,2008。

销、服务等部门。这些活动似乎越来越多地与艺术融合在一起，不再代表过去比较狭隘的观念。文化经济学也正在转变为侧重于创意活动的机构、学问和本地规模报酬递增的微观经济学。事实上，创意经济的概念从文化经济学中异军突起的同时，标准微观经济学也经历了方向大致相同的一系列变革。

那么，创意经济在未来发展中会发挥什么样的作用，达成什么样的目标呢？

联合国贸发会议拓展了对政策导向分析的关注，突出了创意经济研究中的四个关键目标。

——协调国家的文化目标与技术和国际贸易政策。

——解决抑制发展中国家创意产业增长的不均衡问题。

——加强投资、技术、企业家和贸易之间所谓的"创意纽带"。

——确定为取得发展收益而促进创意经济的创新政策回应。[1]

这些目标表明了联合国贸发组织特别关注于推动发展中国家的创意产业的发展方向和工作重点：它更关注创意经济的发展的多重功能和多重作用。这一功能和作用表现为通过多种方式促进经济、社会、文化和可持续发展等。

首先从经济方面来看，创意经济深深植根于国民经济之中。

---

[1] 联合国贸发会议（UNCTAD）主编《创意经济报告 2008》，中国社会科学院文化研究中心译，三辰影库音像出版社，2008，第 14 页。

第十一章 创意经济是5G背景下粤港澳大湾区发展综合融会的头部经济

从全世界来看,一些国家的创意经济发展步伐一直超过其他经济部门,全球创意经济市场充满活力,尤其是发展中国家的创意产业在全球市场更具活力。

其次是社会方面。创意经济的一个主要社会影响是促进社会就业。应该指出的是,创意产业不仅是知识密集型的产业,需要拥有特殊技能与高学历的劳动力,同时也是劳动密集型的产业,特别是那些带有高密度创意投入的产业。创意产业的另一个重要的社会方面与其促进社会融合的作用相关。在草根阶层,创意经济包含了对联系社区内社会团体、增强社会凝聚力有重要意义的文化活动。存在各种社会紧张冲突的社区往往能通过共同参与文化仪式凝聚在一起。

再次是文化方面的重要作用。不管"文化"这一词汇在人类学意义上意味着认同一个社会或国家的共同价值观与传统,还是其在功能性意义上意味着艺术实践,创意经济作为创意产品与服务的提供者具有深刻的文化内涵。总的来说,文化活动提升了经济和文化价值,而后者的独特贡献是使产品专为个人、经济和社会量身定做。从政策的角度来看,从文化产业的运作中创造出的经济价值和文化价值是相关的,因为创意产业作为社会的文化目标的功能与政府的经济目标一致,同时也反映了文化政策广泛的覆盖面。在这里,无论是从国家、地区或城镇、乡村的角度理解,还是根据其他分类,对文化价值的认同尤为重要。

最后,创意产业也促进了可持续发展。广义的"可持续性"

逐渐超越了单纯运用于环境保护领域的概念。世界上的每一个国家、地区和社会中有形和无形的文化资产,与自然资源和生态系统一样,都必须为子孙后代保存下来,以确保人类在这个星球上的延续。

文化可持续性意味着维护所有类型的文化资产的发展过程,这些文化资产包括少数民族语言、传统仪式、艺术品、手工艺品、古建筑和遗址。正是与文化政策相协调的创意产业,提供了获得投资从而以可持续的方式来发展和促进文化产业的策略。[1]

创意经济绝不是简单的传统经济概念,而是新形势下适应大湾区发展的具有广泛延展性的开放观念,是具有统摄性、融会性、包容性和未来性的高端产业形态。所谓统摄性,就是创意经济统合经济发展、贸易运行、区域发展、国内和国际投资;所谓融会性,是它必须关注政府管理及其相应的政治责任,要关注文化发展、旅游业发展,公共服务和减少贫困人群;所谓包容性,是关注多种社群、减少消除文明冲突、反对种族歧视等;所谓未来性,是指创意经济在未来全球发展中已经具有越来越重要的地位,预示了全球综合融会发展的大趋势。创意经济作为大湾区的头部经济,可以统领和融会相关创意经济的不同城市、不同体制、不同阶梯、不同地域、不同行业的发展不平衡的问题,推动包容性融合互补发展。根据具体发展层次、行业水平、现有条

---

[1] 联合国贸发会议(UNCTAD)主编《创意经济报告 2010》,中国社会科学院文化研究中心译,三辰影库音像出版社,2011。

第十一章　创意经济是5G背景下粤港澳大湾区发展综合融会的头部经济

件，应采取多样化的方案解决大湾区高端产业目标不一、聚合散漫、增长不均衡等问题。

创意经济跨越产业、行业、专业领域的越界融合，对建设大融合的国家经济新形态，实现两个升级换代具有重大作用和意义。它将推动我国文化产业自身升级换代，由传统业态、低端旅游等向高端科技特别是线上业态、电子商务、移动运营发展。创意经济以创意设计与高新技术引领，以全新电子营销等方法与文化艺术消费结合，全面提升我国制造业水平，实现实体产业与虚拟经济的结合与线上线下的结合，实现创意经济引导创意产业更快扩展。

联合国贸发会议还特别明确提出，创意经济的核心是创意产业。[1]以科技创新为根本的创意产业是创意经济的核心。

以中国创新型城市深圳为先导，融会广州、东莞、香港、澳门的大湾区城市联合体，将合理地把创意产业作为创意经济的核心。

二、大湾区以创意经济作为头部经济的"五大战略基础"

粤港澳大湾区作为新时代国家进一步推进改革开放的重大战略决策，必将在参与世界竞争和引领区域转型创新发展中发挥越

---

[1]联合国贸发会议（UNCTAD）主编《创意经济报告2010》，中国社会科学院文化研究中心译，三辰影库音像出版社，2011，第9页。

来越大的作用,头部经济的效应也会逐步彰显。总体而言,大湾区以创意经济作为头部经济的战略基础体现在以下几个方面。

第一,5G的高速发展为大湾区未来奠定了新的高端平台。5G带来了生产力的大解放,是一场影响世界的全球科技革命,5G将进一步引起社会与文化的大变革。5G时代作为第五代移动通信技术,能够提供高速率、低时延、可靠安全的增强型移动宽带服务。其峰值理论传输速度可达每秒数十GB,比4G网络的传输速度快数百倍。而更为形象的描述是,5G环境下,可在1秒之内下载完成一部超高清电影。

5G是当前全球科技竞争的前沿领域,中国已在这一战略竞争中先行一步。随着相关技术研发和基础设施建设的持续推进,中国5G已经开始走向商用,成为引领当代世界信息化发展的领跑者之一。5G已成为互联网相关行业创新发展的推动者。5G支持的数字化、人工智能、云服务、移动传输、物联网等展现了巨大的张力,它通过与工业、交通、农业等垂直行业广泛、深度融合之外,也将对社会文化、文学艺术、新媒体、文化产业、旅游业等产生重大影响,催生更多创新应用及新业态。今年春节期间,广州庙会组委会联合中国联通广东省分公司,首次实现5G网络VR直播,将民俗文化巡演的热闹盛况实时呈现给未能到场的市民游客,这也是广东省内首个利用5G网络进行大型活动VR直播的案例。

大数据是大湾区未来发展必做的功课。

第十一章　创意经济是 5G 背景下粤港澳大湾区发展综合融会的头部经济

当前中美贸易争端仍在发酵，其核心在于对 5G 等高科技互联网数字产业的争夺。粤港澳大湾区聚集着华为、腾讯、大疆、迅雷等一批具有世界影响力的现代互联网高科技企业，在未来互联网创意经济的世界中将扮演十分重要的角色。

第二，科技创新与文化创意是大湾区发展的重要机制和经验。这是世界三大湾区重要的发展经验，人们耳熟能详的佳能、三菱电机、索尼等大企业及其研究所，均置身于东京湾区的京滨工业区。过去上百年时间里，东京向西发展出京滨工业带，向东发展出京叶工业带，这两个工业带同时又与东京腹地的金融、研发等功能紧密互动。这些具有产业创新能力的机构，使得京滨工业区具有很强的管理和科技研发能力，也是东京湾区创造经济奇迹的重要原因。在旧金山湾区的硅谷，众所周知，则云集了如斯坦福大学、加利福尼亚大学伯克利分校等世界一流的研究型大学，以及劳伦斯伯克利国家实验室、劳伦斯利弗莫尔国家实验室等，还有先进的研究机构和众多全球知名的互联网企业。而闻名世界的华尔街是纽约湾区的一张名片。在纽约华尔街，2900 多家世界金融、证券、期货及保险和外贸机构聚于此，还有支持这些机构发展的纽约证券交易所和纳斯达克证券交易所。对于粤港澳大湾区的建设而言，我们既需要硅谷中的这类创新企业和研究机构，也需要像纽约华尔街这样的金融支持，还需要高端制造业。在构建大湾区创意经济的多层次战略框架，实现国际一流的中国特色的大湾区宏大目标中，借鉴、学习和创新超越，则是我们必须经历的过程和阶段。

第三，城市群的融合发展奠定了未来大湾区发展的优势条件。从纽约、旧金山、东京等世界各大湾区发展的实践经验看，多个城市共同发展的城市群，是当代发达国家发挥经济文化科技作用的主要形态。在未来战略定位上，粤港澳大湾区要建成充满活力的世界级城市群，成为"一带一路"建设的重要支撑、内地与港澳深度合作示范区和宜居宜业宜游的优质生活圈。

大城市群的融合发展是当今世界区域发展的基本态势。而面海的湾区往往是发展最早最好的地区，比如在城市群建设中处于领先地位的是纽约、旧金山、东京湾区，而当今世界特别是新兴国家正在兴起许多新的湾区。我国珠三角在改革开放中已经推动了众多城市的融合，形成了我国开放最早、成就最大的珠三角前沿发展区。

我们所要建设的世界性城市群，应该是政治民主、制度合理、经济发达、基础设施完善、科学技术水平先进、信息网络通畅、高新技术人才聚集、生态环境良好的，对世界政治、经济、文化都具有强大影响力的，可持续发展的国际化城市群。

《粤港澳大湾区发展规划纲要》站在构建大湾区全面开放新格局的角度、从全球化视野出发，设定了湾区发展的新远景，提出了粤港澳互补、协同、包容发展的新要求，确定了以旅游服务、文化创意、人力资源服务、会议展览及其他专业服务等为重点，错位发展、优势互补、协作配套的现代服务业体系的发展路径，力求把大湾区建设成为世界著名的宜居宜业宜游的优质生活圈，和城市群旅游目的地。

深圳作为大湾区创意经济的引领者，作为未来具有全球影响力的国际科技创新中心，是大湾区科创方面的领军者。2019年2月27日，香港特别行政区政府统计处发布消息称，2018年香港实现地区生产总值28453.17亿港元，折合人民币24000.98亿元。按照深圳此前公布的数据，2018年深圳市生产总值为24221.98亿元。这意味着，2018年，深圳市生产总值首次超过香港，高出221亿元左右。2008—2018年，香港年平均经济增长为3%，深圳年平均经济增长高达11%。在科创方面，深圳的华为、腾讯、中兴、大疆等企业正是我国创意经济的领头羊。以华为为首的团队代表了当今世界5G发展的最高水平。华为Mate X折叠屏的推出，是中国5G时代到来的一段开场白。

第四，粤港澳根脉一宗、文化一理、山水一统、兴亡一体，构成了大湾区综合融会的创意经济的深厚基础。从长远的文化视野看，构建国际一流的湾区需要建设世界级的文化中心。我们观察国际一流湾区，大都是当今世界重要的文化中心。一个湾区的文化底蕴来自其长期形成的主导性精神、文化、观念，它确立了该湾区总体的品牌特性，并获得国际国内的广泛声誉。如纽约大湾区依托联合国、百老汇、林肯艺术表演中心、大都会博物馆，以世界主义塑造自己的文化特质，20世纪70年代的艺术文化再造，进一步提升了它国际文化中心的声誉；旧金山大湾区依托嬉皮士文化、近代自由主义和进步主义，以宽容的态度和青年亚文化吸引全世界"文青"和"创客（数客、黑客、极客）"，形成了自己独特的文化标记，已成为世界著名的创新创业胜地；东京大湾区依托日本本土"万世一系"的传统思想和"脱亚入欧"的工业精神，以工匠精神塑造自己一丝不苟的精细特质，成为在亚洲现代化发展中被全世界向往和学习的工业文化传承创新样板。可见湾区的文化发展一靠传承发展悠久历史，二靠不断创新创意，以独特的品牌价值增加更广泛的吸引力。

粤港澳大湾区的建设也是如此。三地十一城地域相近，根脉一宗，文化一理，山水一统。以广州为首的粤港澳城市两千多年来，一直以中国传统儒、释、道文化为共同的"中华之根"。新中国成立70年更是洗雪百年耻辱，粤港澳城市共同发展繁荣，成为世界上发展最快，最具经济文化活力的湾区。

同时，大湾区内的每个城市又各具文化特色，香港具有中西合璧的城市文化，深圳有丰富的世界高端创意设计资源，澳门的东西方多元文化长期交融共存。以粤剧、龙舟、武术、舞狮等为代表的岭南文化，具有非常独特的魅力；香港、澳门、广州、佛山（顺德）等地的饮食文化独步中华，享誉全球，澳门、顺德入选全球创意城市网络"美食之都"；大湾区现代时尚、音乐、体育等服务业享有盛誉，大型国际商品展、书展、科技展、文化交流展等展会活动规模大、范围广，培育了一大批文化精英和青年时尚达人。曾经被称为文化沙漠的深圳，已成为中国南方最爱读书、市民素养不断提高的文明之城。这些优势条件奠定了共同建设人文湾区、塑造大湾区人文精神的深厚基础。未来对大湾区人文精神内涵的进一步提炼、湾区传统文化的传扬与公共文化服务体系的构建，将进一步涵养湾区的文化素养，提炼湾区文化的品牌特征，形成湾区文化自信的强大精神动力。

此外，大湾区内的广州、香港、澳门、珠海等城市都是各有特色的著名旅游目的地，拥有都市旅游、历史街区旅游、购物旅游、研学旅游、邮轮旅游以及休闲娱乐、养生保健旅游等产品体系，有国际航运中心的交通便利、"144小时过境免签"的政策优势，更有世界一流的旅游产品创意策划和开发生产能力，为建设粤港澳大湾区世界级旅游目的地提供了非常雄厚的基础条件。

第五，创意经济具有高知识性、高增值性和低消耗性、低污染性等特征。它依靠创新，推进科技、文化、经济的全面发展，是可循环可持续的环境优化型生态经济。创意经济也是一种现代服务经济，当前大湾区广东地区人均GDP已经达到1.5万元人民币，人民群众精神文化需求空前爆发，需要现代服务业提供更好更方便的服务。春节期间广州的5G花市就以高科技与审美文化的完美结合，彰显了具有创意的服务经济新景观。未来进一步优化提升深圳前海深港现代服务业合作区功能，打造广州南沙粤港澳全面合作示范区，推进珠海横琴粤港澳深度合作示范发展特色合作平台，将展开更宽广的美好前景。

服务业在中国有巨大空间，目前粤港澳大湾区有7000多万人口，是世界上人口最多的大型湾区。未来大湾区要加快高端服务业发展，让服务业带动整个湾区经济增长。目前美国服务业每年对经济增长的贡献达到70%以上。2018年我国消费对经济的贡献已经超过投资，这是我国第一次出现消费的贡献超过投资贡献，背后原因是服务业发展。高端服务业的创意和设计，在促进相关产业深度融合中发挥着重要作用。它们是调整经济结构的重要内容，有利于改善产品和服务品质、满足群众多样化需求，也可以催生新业态、带动就业、推动产业转型升级。中央确定了推进文化创意和设计服务与相关产业如装备制造业、消费品业、信息业、建筑业、旅游业、体育产业，乃至农业融合发展的战略目标，并制定了一系列相关扶持政策和后续具体落实的步骤、路径、方式和保障。

为进一步推动大湾区取得发展收益，大湾区创意经济政策必须大力创新。要全方位地建立人才与环境的交易、体验平台，建立更高水平的风险投资、天使投资、互联网金融、众筹等投融资方式，建立更合理的上市融资机制，建设5G时代网络化、移动化、线上线下完美结合的高科学技术与销售平台，以及实行综合服务的孵化器运营平台等，全面实现创意经济的升级换代。为将十一城市连接为一个高度互通互联的城市群，必须构建一个"创意纽带"，建立起大湾区十一个城市之间在创意设计、人才选聘、投资选择、技术共享、城市管理、企业家能力和对外贸易之间的"创意对接"机制。创意经济也要求粤港澳大湾区具有更高的国际化层次和全球贸易的经营水平，面向世界，联通全球，成为海上丝绸之路的最佳基地。根据最新数据，通过"抢人大战"的体制改革与政策创新，广东已经成为人口增速最高的省份。

总而言之，创意经济作为大湾区未来的头部经济具有完备和充分的战略基础。在创意经济的多方融合中，深圳具有以5G为代表的信息科技的全球领先地位，它以创意经济的核心创意产业的高速发展引领大湾区的科创大业；香港具有全球瞩目的金融与贸易的优势地位，在创意经济中拥有投融资的丰富资金和实践经验；澳门具有全球知名的娱乐旅游、休闲产业巨头的地位，它构成了创意经济中文娱消费的坚固支撑；广州作为中国南方最重要的中心城市和海上丝绸之路的起点，成为创意经济的内陆腹地。其他八个城市也以各自的特点和优势成为大湾区这盘大棋布局上不可或缺的棋子。

三、设计构建大湾区创意经济"三大新模态"

大湾区创意经济应当建立何种发展模式才能在未来全球竞争中立于不败之地？突破禁区，创新创意创造，跨界跨行融会是未来发展的必由之路，即要在过去的科技、学术、制度、区划的交叉地带进行"边界作业"。这是20世纪以来最令人瞩目的经验：全球90%的创新成果来自跨界的创新。

构建创意经济的新航母发展模式。全球互联网创意企业的巨无霸是以苹果、谷歌为首的美国创意经济航母舰队群，这是全球唯一的巨型集群。当今世界还没有任何一个国家能够建立起这样一支集合了科创、文化、经济的航母舰队群。这个舰队群以苹果为旗舰，加之谷歌、亚马逊、微软、Facebook以及IBM等巨型头部企业。其中苹果、亚马逊和微软都曾达到一万亿美元的市值。谷歌两家上市公司，市值相加也是世界著名网络巨无霸。这些公司的市值均超过制造业、能源类公司，成为美国经济的坚强支柱，在美国19万亿美元GDP中，占据极重要的地位，为美国的GDP增长做出了重要贡献，甚至是超过美国航空母舰舰队群的更具长远影响力的软实力与巧实力。

中国互联网移动网相关创意经济行业在经过数字大潮的洗牌后，已升级换代为中国文化、创意经济的高端产业、核心产业、领军产业、先导产业，真正成为支柱产业。一支以华为、腾讯、阿里巴巴、百度、京东方、中国移动、京东等互联网上市企业为代表的准航母舰群已经开始成形。

对于粤港澳大湾区来说，采用创意经济的新航母发展模式，建设和培育一支5G背景下数字湾区不断壮大的创意经济集群，将对湾区未来创建中国特色的国际一流文化创意产业集群具有不可替代的作用。具体路径如下。

构建创意企业独角兽培育模式。独角兽企业是城市战略转型重要的主体。美国是全球独角兽企业最多的国家。中国独角兽企业在总量上仅次于美国，质量上还有较大差距。独角兽企业的诞生将引领城市产业生态发生根本变化。独角兽企业不仅是衡量地区创新能力的一把标尺,更代表着未来创意经济的发展方向。以杭州举例,2000年杭州提出打造电商,阿里巴巴集团由此崛起,该集团共孵化了7家独角兽企业。近年成都又建设了独角兽岛,大力迎接全球领先的创新企业入驻。

构建百万创客的满天星斗模式。创客最初指专注于利用互联网数字技术设计产品原型的具有创新天赋和爱好的群体,后引申为所有热衷创新创意与创造、以分享最新技术和交流前沿思想为乐趣的创新群体。他们的另一个相近的名字叫"极客"(美国俚语Geek),而其中最痴迷于寻找一切网络系统漏洞的人,成了黑客。他们都很年轻,好奇和逞能是他们的本质特征。2007年以降,全球掀起了一股创客文化的浪潮。无疑,创客运动是新时代颠覆现实世界的助推器,是具有时代意义的新浪潮。

构建百万创客满天星模式,需要进一步建立大湾区创客空间与大量双创基地。由个别创新型人才零星出现,到培养千千万万个创客的创意集群,直至创意阶层的形成,需要大湾区做好一系列"功课"。美国学者理查德·佛罗里达在《创意阶层的崛起》中,开宗明义地指出了创意团队在相关产业发展中所扮演的重要角色:"本书描述的是一个新的社会阶层的出现。"具体而言,创意人才的崛起,以及他们为大湾区经济社会发展所提供的智力支持、创意服务等,将从根本上扭转大湾区经济文化发展的原有格局。"人类创意跃升为当今经济生活的决定性特征"。因而,大湾区建设要牢牢把握培养创意人才这一根本路线,打造富有战斗力、攻关力、思想力的创意团队，夯实"智力资本"的综合容量和发展基础，不断推动大湾区创意经济的快速、健康发展。事实上，大到一个国家综合国力的提升，小到一个公司的发展壮大，创意智慧、创新思路等都在其中扮演着关键角色。许多眼光长远、视野开阔的著名企业家无不是"创意智慧"或"创意思维"的推崇者与实践者。有数据显示，在一些事关经济社会发展的关键行业，如电信网络、工业设计、建筑规划、影视传媒，一大批受过复合式教育的优质创意人才对产业升级换代、行业快速发展持续做出了重要的贡献。

需要特别提出的是，粤港澳大湾区三地在经济制度、法律体系、行政体制和社会管理模式以及经济自由度、市场开放度、营商便利度及社会福利水平等方面都存在不小的差异。要真正实现大湾区的全面融合大发展，还有很多困难和问题需要解决。

第十二章 "一带一路"的审美伦理文化蕴涵及其对文化创意产业"走出去"的启示*

"一带一路"在话语层面有着文明互鉴、审美共享、人道、正义、和合等层面的意蕴,践行这些意蕴对中国文化创意产业的"走出去"具有重要的驱动作用。但"一带一路"沿线复杂的政治、经济、文化情势以及中国文化创意产业自身固有的发展惯性为其带来了挑战。面对困境,中国文化创意产业应当在"走出去"的过程中将审美伦理文化作为常态性维度,积极构建审美伦理文化,并在此基础上实现高质量发展突破。

持续推动文化创意产业"走出去"对创新我国文化创意产业发展体系,实现文化创意产业高质量发展具有重要作用。长期以来,由于我国文化创意产业走的是一条内循环的发展道路,"走出去"在文化创意产业发展中总体占比不高,其带动的产业效能也未得到有效发挥。近年来,在"一带一路"倡议的带动下,文化创意产业的"走出去"进入了一个新的范式调整期,在市场培育、产业结构、运营模式等层面都取得了新的突破。作为一种凸显外向合作型的倡议,"一带一路"无疑给文化创意产业"走出

---

*本章与柴冬冬共同完成。

去"带来了全新的机遇,但如何持续、有效地将这种机遇转化为现实,则值得进一步思考。这种"转化"的实现不仅需要一系列形而下的政策、资金、平台、人才方面的支撑,还需要对形而上层面的文明与道德等维度进行精准把握。本文尝试从文化审美伦理与文化价值层面考察"一带一路"及其背景下的跨域文化创意产业运营,以厘清文化创意产业"走出去"如何借助"一带一路"的文化蕴涵实现新的超越。

一、"一带一路"的审美伦理文化蕴涵

作为一种旨在推动国际经贸合作与文化交流的倡议,"一带一路"是一种具有共赢性的国际"产品"。它有着构建命运共同体、为人类谋发展的审美伦理文化诉求。但作为一种依托古"丝绸之路"文明所创新、衍生与演化的当代话语形态,"一带一路"的审美伦理文化诉求又有着深厚的历史基础。两千多年前的古"丝绸之路"无疑为中华文化首次"走出去"开辟了道路,并使中华文化成功与古波斯文化、古印度文化、古阿拉伯文化、古罗马文化等异域文化相连接,可谓奠定了不同文化之间兼容并包、相互尊重、求同存异的基础,促进了东西方物质文化和精神文化的交流和发展,对人类文明发展演进有重要的推动意义。在此基础之上的"一带一路"也应当是"丝绸之路"友好合作精神的延续,应为人类文明的前进提供新的动力。

从基本目标来看,"一带一路"主要包含了两个层次:其一,

第十二章 "一带一路"的审美伦理文化蕴涵及其对文化创意产业"走出去"的启示

"一带一路"要打造一种发展共同体,"旨在同沿线各国分享中国发展机遇,实现共同繁荣"[①];其二,"一带一路"倡议要在世界范围内赢得进一步尊重,就必须"以和平合作、开放包容、互学互鉴、互利共赢的丝绸之路精神为指引,以打造命运共同体和利益共同体为合作目标"[②]。也就是说,"一带一路"虽由中国提出和推动,其目的却不是中国要营造某种政治霸权,或独享开发效益。正如习近平同志所说:"中国愿同沿线国家一道,构建'一带一路'互利合作网络、共创新型合作模式、开拓多元合作平台、推进重点领域项目,携手打造'绿色丝绸之路''健康丝绸之路''智力丝绸之路''和平丝绸之路',造福沿线国家和人民。"[③]可见,"一带一路"有更深层的文明意义。它是中国面对历史和现实语境,站在一个负责任大国的角度所发起的旨在推动各国共同发展的倡议,"为了人类的共同发展"这一伦理诉求是其话语的核心价值。

首先,就"一带一路"倡议提出的动机而言,它体现出的是中国为世界发展谋福利、谋动力的"天下为公"的大国责任感。改革开放40年来,中国经济飞速发展,对世界经济发展的贡献也越来越大。中国的发展既得益于自身的改革开放,也得益于与世界的互通,中国的发展离不开世界。但从当前的世界形势来

[①] 习近平:《习近平谈"一带一路"》,《人民日报(海外版)》2017年4月12日,第5版。
[②] 同上。
[③] 同上。

看,自2008年金融危机以来,世界经济遭受了严重破坏,呈现出普遍性的动力不足的状态。随着经济的持续低迷,贸易保护主义、民粹主义开始抬头,经济全球化不断受到挑战;同时,南北发展不平衡持续加剧,贫富差距也日渐拉大,贫困、饥饿、疾病、社会冲突、恐怖主义、地区动荡等问题也随之而来。重塑一个和平、安全、稳定、繁荣、包容、美丽的世界已是各国人民的共同期待。"一带一路"植根历史,面向未来。作为一套全球性的公共"产品",它正是为了解决当前世界遇到的发展瓶颈而提出的,是中国立足自身发展反哺世界,履行大国责任,推进国际合作与发展的全新模式。"共同建设'丝绸之路经济带',是一项造福沿途各国人民的大事业。"[1]"一带一路"为世界发展助力,就是为世界人民谋福利。从这个角度看,它是有鲜明的人道关怀的。

其次,就"互联互通"的基本内涵而言,"一带一路"体现的是对一种开放共享价值理念的探索。文化之间的交流、经济上的互通有无,是人类文明进步的根本保证。从历史上看,丝绸之路的开辟使得亚欧大陆的东西方世界不再处于一种隔绝的状态,开放的环境使得沿线各国政治、经济、文化之间的交往成为常态。一些由某一国家和地区所独有的资源随着丝绸之路的开辟开始向其他地区流动,丝绸之路也由此成了资源共享的平台,极大

---

[1] 习近平:《习近平谈"一带一路"》,《人民日报(海外版)》2017年4月12日,第5版。

第十二章 "一带一路"的审美伦理文化蕴涵及其对文化创意产业"走出去"的启示

促进了世界文明向前发展。当世界进入现代化进程,科学技术开始飞速发展,各个国家和地区之间的联系变得更加紧密,进入了名副其实的"地球村"时代。历史和实践表明,"互联互通"才是世界进步的根本动力。"互联互通"意味着要摒弃"各人自扫门前雪,休管他人瓦上霜"的状态,要串联在一起,你中有我,我中有你,共同进步。正如习近平同志所言:"世界命运应该由各国共同掌握,国际规则应该由各国共同书写,全球事务应该由各国共同治理,发展成果应该由各国共同分享。"①实际上,"共享"在这里具有鲜明的审美伦理文化属性,即正义和善、利他理想的内涵。正是认识到了这一点,中国才将"五通"建设作为"一带一路"倡议的基本抓手。

再次,就将"命运共同体""利益共同体""责任共同体"作为建构目标而言,"一带一路"体现的是一种对正义性的普遍文化伦理的探索。"一带一路"沿线涉及众多国家,而每个国家的文化风俗迥异,民族构成复杂,价值观多样,以任何一个国家或民族的价值观去取代已经多元化的价值观都是不可行的。这样既背离"一带一路"追求公平、公正、共商、共建的初衷,也背离各国的实际。于是,一种具有普遍性的,能够为沿线各国所接受的价值观就成为必要。回顾"一带一路"提出的背景就可以看到,解决经济与社会发展中的"痛点",提高人民生活水平与国

---

① 习近平:《共同构建人类命运共同体——在联合国日内瓦总部的演讲》,http://www.xinhuanet.com/world/2017-01/19/c_1120340081.htm,访问日期:2018年9月20日。

家综合竞争力，是沿线各国的共同诉求。这就意味着在"解决问题与推进发展"这个主题上，沿线各国是有着共识的，可以构成一个甘苦与共、命运相连的发展共同体。因此，寻求平等、和谐、公正的正义性发展就构成了"一带一路"倡议的普遍性文化伦理。不仅如此，对各国人民而言，这种发展还应当走向审美伦理文化的高地，是可持续的，而非自在、自为性的。

最后，就文化—文明作为最核心、最本质的互联互通而言，"一带一路"体现的是对以和合为主的跨越鸿沟的多文化—文明对话沟通交流的构建。丝绸之路，是自古以来中外交往的商贸之路，是各国政治交流的和平之路，是沿线各国文化沟通的文明之路，也是不同民族、不同地域、不同国度间审美伦理文化的交融之路。"丝路"文化寻求的是人类文明共同体的现实途径，新时代充分挖掘"丝路"审美伦理文化资源意义重大。习近平同志指出："民心相通是'一带一路'建设的重要内容，也是'一带一路'建设的人文基础。"[1]在"五通"建设中，民心相通是最基础的，而民心相通的基础又在于文化之间的交流、理解与接受。但不同的民族、人群是有着不同的文化个性的，在跨文化互通中如果处理不当势必会酿成冲突和对抗。为了避免这一问题，"一带一路"格外重视不同文化间的和合共生。"万物并育而不相害，道并行而不相悖"（《礼记·中庸》）。任何想用强制手段来解决

---

[1] 习近平：《习近平谈"一带一路"》，《人民日报（海外版）》2017年4月12日，第5版。

第十二章 "一带一路"的审美伦理文化蕴涵及其对文化创意产业"走出去"的启示

文明差异的做法都不会成功，包容共存、彼此借鉴、和而不同才是文明交往的主流。"只有在多样中相互尊重、彼此借鉴、和谐共存，这个世界才能丰富多彩、欣欣向荣。"[1]因此，中国要将"一带一路"建设成为和平之路、繁荣之路、开放之路、创新之路、文明之路，要在共商、共建、共享的原则下，推动沿线各国的共同发展。这体现的正是一种以和合为基础的跨文化伦理建设态度。它在话语层面反对的恰恰是国际社会长期存在的"中心—边缘"秩序，即以某个民族、国家的文化价值观为核心，以"典型欧洲范式"的主权国家框架去规范世界不同国家的政体，进而在经济层面实现中心与边缘的区隔，以便于中心控制和侵蚀边缘。[2]

二、文化创意产业是实践"一带一路"审美伦理文化蕴涵的有效载体

从根本上讲，美学涉及的问题是美，伦理涉及的问题是善，文化则涉及更为综合也更为重要的真善美。这种真善美正是人的诸种技艺与研究、实践与选择的目的。[3]伦理不等于道德，但伦理却是对"道德的哲学研究，是对人的道德信念和行为的理性审

---

[1] 习近平：《携手构建合作共赢新伙伴同心打造人类命运共同体——在第七十届联合国大会一般性辩论时的讲话》，http://bgimg.ce.cn/xwzx/gnsz/szyw/201509/29/t20150929_6603393.shtml，访问日期：2016年3月8日。
[2] 赵磊：《文化经济学的"一带一路"》，大连理工大学出版社，2016，第30页。
[3] 亚里士多德：《尼各马可伦理学》，廖申白译，商务印书馆，2003，第3—4页。

视"。①应该说，就"建构好的秩序"这个层面而言，"善"在"一带一路"话语中具有重要性。换言之，"一带一路"首先是在全球经济发展背景下提出的一个文化与文明融会的倡议。但考虑到不同的文化体系拥有不同的审美伦理文化道德和行为评判标准，"一带一路"审美伦理文化价值的实现就首先要考虑更宽容的文化维度。审美伦理是文化互动的基础，它既推动了一个文化体系内成员的文化实践，也保障了文化互动中对规则的遵守。而文化互动又是审美伦理文化的具体实践。因此，如果从审美伦理文化层面审视"一带一路"，就不能脱离文化实践；而谈"一带一路"的文化实践，则又不能回避审美伦理文化问题。作为一种全新的国际公共"产品"，"一带一路"显然是对传统的以国际金融货币体系、安全保障体系以及经济援助体系等单一性产品为主导的全球治理模式的超越，其基本立足点在于文明互鉴。而从实践层面来看，文化间的对话、交流与融合的互鉴格局的形成则又离不开文化创意产业（文化经济）的支撑。

从历史上看，"一带一路"沿线各国拥有一种共同的丝绸之路文化记忆，这就为当代文化经济互通提供了基础。丝绸之路不仅是一条商贸之路，更是一条文化之路、思想之路。伴随着商贸往来，沿线各国之间产生了大量的文化交流。音乐、舞蹈、戏剧、建筑、绘画、器物、服装、技术等文化形式无不随着丝绸之

---

① 迈克尔·J.奎因：《互联网伦理：信息时代的道德重构》，王益民译，电子工业出版社，2016，第4页。

第十二章 "一带一路"的审美伦理文化蕴涵及其对文化创意产业"走出去"的启示

路的开辟在中西之间交往互通，许多新的文化形式也随之产生。但发生在丝绸之路上的中西文化交流也绝非单纯以满足好奇心为目的，而是伴随着经贸往来产生的。不管是丝绸、瓷器、纸张等中国产品的西传，还是金银品、玻璃、玉石、家具等西域产品的东进，都以文化作为产品的基础，贸易双方都需要在熟悉对方市场的审美伦理、文化品位、文化习惯、消费特点等因素的基础之上才能进行商贸活动。对古丝绸之路而言，文化贸易是一种常态。相比于生产资料、生活资料等产品的贸易，文化贸易直面文化差异，在尊重差异的基础上展开商品生产和交换，其本身就暗含着一个跨文化伦理问题。尽管发生在古丝绸之路上的文化贸易活动还不能与工业文明时代的文化创意产业相提并论，但文化的产业化在丝绸之路历史上却早已有之，这无疑为"一带一路"的文化经济学阐释奠定了基础。

从目前的世界发展趋势来看，文化的力量也越来越显现于文化创意产业的竞争力之中，文化创意产业走向了国际竞争力的前台，正引发新一轮的全球产业结构升级。这体现在：其一，文化创意产业不仅占据着文学艺术等精神性生产的部门，还渗透进手机、电脑、汽车、高铁、家具、家电、服装、食品等物质性生产的部门，从而彻底打通了物质生产和精神生产；其二，文化创意产业推动了诸多产业形态的融合，驱动了新业态的不断产生，使文化成为社会生产的重要内容，进而成为社会生产领域新的驱动者与组织者。

文化创意产业的重要作用还与其自身所具备的意识形态属性与经济属性有着重要关联。在斯科特、索罗斯比、赫斯蒙德夫等文化经济学家看来，文化创意产业首先是一种具有根本性经济特征的产业，它借助高科技传播方式，营造消遣娱乐的氛围，在生产力飞速进步与劳动力持续解放的当代具有重要的经济价值。正是看到了这些层面，西方发达国家才不遗余力地推动文化创意产业的发展。目前，西方发达国家已经借助先发优势在全球文化创意产业格局中占据领先地位，并凭借其竞争优势利用文化产品悄无声息地传播其价值观，进行文化扩张与渗透，进而建构某种经济或政治霸权。文化创意产业"看起来是一个产业问题，一个市场问题，其实是一个思想问题、一个价值问题、一个意识形态问题，说到底是一个政治问题"。①

总之，"一带一路"建设离不开文化创意产业的支撑。一方面，"一带一路"在意义阐释、政策推广、理念传播过程中离不开出版、广告、影视、动漫、会展、演艺等产业的支持，文化创意产业在其中承担着重要的修辞功能；另一方面，文化创意产业以其产业效能助力"一带一路"的跨文化互动，为"一带一路"审美伦理、文化伦理价值的实践提供现实动力。在全球文化创意产业蓬勃发展的背景下，各国已经充分认识到文化创意产业在新的全球文化治理行动中的重要作用。因此，"一带一路"的意义

---

① 范玉刚:《核心价值观传播需要文化产业的有力支撑》,《人民论坛》2016年第25期。

第十二章 "一带一路"的审美伦理文化蕴涵及其对文化创意产业"走出去"的启示

就不仅仅是重新激活了古老的丝绸之路，还有将文化确立为话语争夺的中心领域的意义。目前，文化创意产业正成为各国参与"一带一路"建设、传播自身文化的重要增长点。我国已将文化创意产业列为优先扶持对象，着力推动"丝绸之路文化产业带"建设，并将文化旅游、演艺娱乐、工艺美术、创意设计、数字文化确立为重点领域。[①]而从国际来看，哈萨克斯坦、俄罗斯、印度等沿线诸多国家正立足自身文化特色和优势推动文化创意产业发展，以文化贸易来助力跨文化对话。

三、"一带一路"的挑战与文化创意产业"走出去"的审美伦理文化情结

作为"一带一路"倡议的发起国，中国对"一带一路"的政策阐释和审美伦理、文化意蕴的传达，也必须依赖于文化创意产业的支撑。但这种支撑关系不是无限的，要受到特定条件的制约。其中主要存在如下两个方面的问题。

首先，"一带一路"本身的外向性所带来的跨文化语境，使文化创意产业面临复杂的政治、经济、文化情势。这里有三点值得注意：① "一带一路"沿线经济欠发达国家将影响文化创意产业的市场开拓。从地域上看，中亚五国、西亚阿拉伯国家、东欧国家是"一带一路"沿线的主要国家，而在经济发展水平上，这些国家多数为发展中国家，其文化产品的购买和消费能力远不能

---

① 《文化部"一带一路"文化发展行动计划（2016—2020年）》，https://www.gov.cn/gongbao/content/2017/content_5216447.htm，访问日期：2017年5月28日。

与西欧、北美、日韩等发达国家相比。以塔吉克斯坦为例，世界银行2012年的数据显示，其全国月平均工资水平仅为110美元，整体收入偏低，这就严重影响了民众对文化产品的消费。[①][②]沿线国家的文化差异和文化政策将影响文化贸易。由于沿线有众多宗教国家，这些国家的宗教文化与中国差异明显，因此产生文化冲突的可能性增加。不仅如此，由于历史遗留、意识形态等问题，沿线各国对"一带一路"的文化认知也存在偏差，甚至对中国的阐释思路产生误解。而这些问题将影响文化政策的制定，进而影响相应的市场环境。③由于某些沿线国家有的政治长期不稳定，或者产业发展不成熟，产业运营秩序极为不规范。侵犯知识产权、恶意竞争等问题凸显。比如，据WIPO（世界知识产权组织）近年的统计，孟加拉国、亚美尼亚的盗版率高达92%，斯里兰卡、阿塞拜疆、摩尔多瓦的盗版率达到了90%，也门、巴基斯坦的盗版率分别是89%、86%，印度尼西亚、越南、伊拉克的盗版率是85%，黑山达到了83%。[②]

其次，中国文化创意产业对"一带一路"审美伦理文化蕴涵的传达势必要与文化创意产业的"走出去"并行，而中国文化创意产业依托本土文化价值观与伦理体系，如果运营不当，将导致效果在跨文化运营中打折扣，甚至与"一带一路"的审美伦理文化诉求产生冲突。这里值得注意的是，尽管"一带一路"是由中

[①]蔡尚伟、车南林：《"一带一路"上的文化产业挑战及对中国文化产业发展的建议》，《西南民族大学学报（人文社科版）》2016年第4期，第158—162页。
[②]同上。

国提出并阐释的,其审美伦理文化蕴涵植根于中国传统文化,但这并不意味着在实践过程中产业与产品会完全契合。更进一步讲,这种现象的出现实际上与中国文化创意产业"走出去"所带有的独特历史使命和伦理情结紧密相关。

从民族心态来看,改革开放以来经济建设的突飞猛进、综合国力的日渐强大,使中华民族的自尊心和自豪感得以在近百年的屈辱史上重建。中华民族重新对自己的传统文化和价值观树立了自信心,也认识到在新时代语境下只有不断推动文化现代化,才能与世界接轨,并在激烈的国际竞争环境中取得优势。但这一过程的实现必须平等亲善地面向他者,参照他者,在尊重他者、包容他者的基础上反观、展示和塑造自身。在当今互联网和全球化时代,不同国家、民族文化之间正以一种超出想象的方式加速融合,只有积极融入"他者"才能使"自我"重新发展、焕发生机,才能积极融入未来人类的共同文化价值体系中。事实上,西方现代文明在其三百多年的发展中已暴露出了诸多问题,对世界问题的解决日益力不从心,特别是个人主义和自由主义文化的致命痼疾难以为人类共同价值观的构建提供帮助。而中华文化强调整体和谐的集体主义、责任优先和合作共享的审美伦理特质,无疑与人类命运共同体目标的达成有着逻辑共通性。

从国家发展来看,尽管近年来中国的经济总量已位居世界第二位,但国际社会对中国的基本国情仍然缺少了解,特别是面对西方意识形态的挤压,国际上充斥着太多的偏见和刻板印象。真实、全面、深刻的中国形象并没有被国际认知,这使得中国缺乏良好的、稳定的外部发展环境,"中国经验""中国智慧""中国方案"也难以在全球治理体系中发挥作用。因此,增强文化软实力,推动文化创意产业"走出去"就肩负着改善中国国际形象、提升文化认同和吸引力、助力民族复兴的历史使命。

简言之,中国文化创意产业"走出去"就是要以中华民族伟大复兴和全球化的世界格局作为背景和阐释空间,把中华传统文化的价值逻辑,如强调整体和谐、"家国天下"意识,与世界意识进行有效嫁接。从某种程度上,"一带一路"之"人类命运共同体"核心理念的提出也得益于这一动机。但问题在于,在沿线复杂的文化地理空间内并不存在一个共同的文化认知框架。一方面,中国文化创意产业所传递出的这一"情结"由于带有强烈的本土色彩,使其在异域文化中很难被理解和接受;另一方面,由于企业缺乏优秀的产品、良好的运营手段和宣传策略,中国文化产品不仅不能展示人道、正义、共享、和合等"一带一路"的深刻文化内涵,甚至引发了激烈的文化冲突和对抗。应该说,过于沉浸在自我的文化诉求中,难以将其与世界文化市场的需求有机融合,这是中国文化创意产业与产品难以持续在世界范围内产生影响的重要原因。

第十二章 "一带一路"的审美伦理文化蕴涵及其对文化创意产业"走出去"的启示

四、文化创意产业"走出去",实现"一带一路"的全新发展

文化创意产业"走出去"是文化"走出去"的坚实基础。文化"走出去"要以中华民族伟大复兴为自身的条件,但中华民族伟大复兴只有通过回应全球化的文明发展,才能真正实现。因此,如何将文化创意产业的伦理情结与"一带一路"所展现出的伦理意蕴相结合,并使其表征或诠释的价值观有助于促进文化理解和文化对话,就成为文化创意产业成功"走出去"的关键。

丝绸之路审美伦理文化博大精深,既具有丰富多样性,也具有鲜明独特性。从当代的审美伦理文化分类体系以及丝绸之路的文化互通史来看,人们大致可以将丝绸之路审美伦理文化划分为物质审美伦理文化、非物质活态审美伦理文化、文学艺术审美伦理文化、视觉图像审美伦理文化、创意生产性审美伦理文化等主要类别。当然,丝绸之路作为一个多国度、多文化、多民族、多地域审美伦理文化汇聚融合且源远流长的文化地理空间,其包含的审美伦理文化内容是极其复杂的。这里只能举出这几种对丝绸之路发展史起到重要作用的类型。而要考察丝绸之路审美伦理文化的特殊性,首先应当理解其本身的属性。丝绸之路作为一个兼具空间性和时间性的符号,一方面它是动态发展的,在不同的历史时期指代空间并不完全相同;另一方面跨域互通始终是其本质属性,且这种互通是多层次的、全方位的,自其产生以来就对中

外文明的沟通起到了重要作用。

考虑到这一前提以及审美伦理文化自身的属性，人们可以将丝绸之路审美伦理文化的特殊性归结为四个方面：其一，从内容构成层面来看，丝绸之路审美伦理文化是一个多元的系统，它是在不同文化并存互渗、循环交往的基础上形成的；其二，从生产机制来看，"审美伦理文化"和"互通"是其主要的生产机制，其中"审美伦理文化"为文化"互通"制造需求，而"互通"则为"审美伦理文化"消费制造条件；其三，从存在状态来看，丝绸之路审美伦理文化并不是一个孤立静止的系统，它既在共时层面与其他系统关联（如经济、科技、道德），又在历时层面对过去、现在乃至未来的审美伦理文化产生影响；其四，从历史作用来看，丝绸之路审美伦理文化以"道"与"器"合一的态势，促进了不同文化系统之间在制度、精神、物质等多个层面上的交往，推动了世界文明互鉴的历史性进程。

丝绸之路审美伦理文化是构建人类命运共同体乃至人类文明共同体的桥梁和纽带。丝绸之路不仅是一条商贸之路，更是一条文化之路、思想之路。伴随着商贸往来，丝绸之路沿线各国、各民族之间产生了大量的审美伦理文化交流。在交通、通信技术并不发达的古代社会，相比效率低下的贸易往来，丝绸之路更像是东西方宗教、艺术、语言和新技术交流的大动脉。其沿线蕴含着丰富的审美伦理文化资源，可以相互借鉴、汇聚融合、互证共成，在民族国家共同体和民心相通根基的建构中，它们从古至今

第十二章 "一带一路"的审美伦理文化蕴涵及其对文化创意产业"走出去"的启示

发挥着十分重要的桥梁和枢纽作用。人类命运共同体的构建和丝绸之路经济带的建设，其根本基础是民心相通，而审美伦理文化资源则因其直抵心灵、摇荡性情、润物无声和彰显"共通感"的审美伦理文化属性，成为民心互通的津渡和场合，也是人类命运共同体构建的元场域。总之，丝绸之路审美伦理文化是可供沿线各国共同开发和共享的文化。另外，随着审美伦理文化消费已经日益成为一种全球化现象，审美伦理文化之间的交流、对话已经成为世界各国、各民族相互沟通、理解的重要途径。在这个背景下，以丝绸之路审美伦理文化推进人类命运共同体建设无疑就具有了历史和现实基础。

人类命运共同体的构建是推动丝路审美伦理文化发展的重要契机。从历史上看，丝绸之路审美伦理文化是人类文明发展的重要动力之一，而从现实来看，丰富多样、源远流长的丝绸之路审美伦理文化是可供当代多重消费的重要文本，在政治、经济、文化、外交等层面均可以发挥独特作用。人类命运共同体构建作为"一带一路"倡议的主要目标，想要在贸易、资金、民心、设施等一系列互联互通建设活动中不断完成，势必离不开对丝绸之路审美伦理文化的重新梳理与激活，同时对构建新型全球化的基于文化多样性的人类文明共同体，具有极为重要的意义。中国人历来就有"四海一家""天下为公"的深厚绵长的传统文化，也有协和万邦、和衷共济的民族共同理念。这是一个多民族国家在漫长的历史长河中经由苦难、战争、冲突、和解而获得的珍贵的集体记忆和国家记忆。从某种角度来看，人类文明共同体是在人类命运共同体的物质的、经济的、生命的基础上建立起来的，反过来，它将提升全人类的生存质量和幸福感。

目前"一带一路"人类命运共同体建设已经得到我国的强力推动，且在世界范围内获得了积极响应，这样一种涉及方方面面的系统性工程，对丝绸之路审美伦理文化的发展来说无疑是难得的机遇。

如何加强丝绸之路审美伦理文化的中外互通呢？这里认为，文明互鉴，必须寻找各国各地审美伦理文化中的共通点。

第一，做好丝绸之路审美伦理文化资源的挖掘与梳理工作。只有阐释好过去，才能为未来提供方向。丝绸之路蕴含着丰富的审美伦理文化资源，是沿线各国共同的文化记忆，不仅在历史上对它们的发展起到了重要作用，而且时至今天，这些资源也依然持续发挥作用。因此，要推进丝绸之路审美伦理文化的中外互通就首先要厘清其存在哪些审美伦理文化资源，哪些资源是通过中外互通形成的，以及历史演变中存在何种变化等问题。这既是保护文化遗产的需要，也是激活文化遗产以服务当代世界发展的需要。

第二，探索丝绸之路审美伦理文化现代转化的路径。要激活古老的丝绸之路审美伦理文化遗产，除了进行必要的挖掘和梳理工作，还要探索如何在新的时代语境下对其重新加以利用，并重构其价值。文化遗产现代转化的路径是多样的，而且与技术水

第十二章 "一带一路"的审美伦理文化蕴涵及其对文化创意产业"走出去"的启示

平、消费取向、产业发展、国家政策等因素密切相关。不管是以产业形式还是以服务形式转化，不断革新思路，并在生产、运营、推广层面创新才是活化丝绸之路文化遗产的关键。

第三，推动丝绸之路审美伦理文化生产的供给侧结构性改革。丝绸之路审美伦理文化要不断适应当代审美伦理文化的品位和市场需求，就要改革其供给模式和内容。从目前的丝绸之路审美伦理文化发展来看，旅游、展览、节庆、艺术品等依然是主导形式。但在文化消费激烈变化的语境下，这种态势显然活力不够，亟须结合新的生产方式和大众审美伦理文化品位调整其内容供应。

第四，尽快搭建中外审美伦理文化贸易平台。从当代审美伦理文化构成来看，丝绸之路审美伦理文化领域是一个资源丰富但开发较少的地带。尽管存在各种遗产保护和旅游促进合作组织、机构等，但真正能服务于丝绸之路审美伦理文化贸易"走出去"与"引进来"的平台则少之又少，能扶持丝绸之路审美伦理文化创新发展的平台也不多。因此，建设全面、系统的平台就亟待推进。

第五，完善相关保障机制，维护丝绸之路审美伦理文化中外互通的健康发展。尽管丝绸之路审美伦理文化的中外互通具有重要历史和现实价值，实际的中外互通情况却不容乐观。一方面，丝绸之路沿线各国国情并不同，一些国家要么长期存在政治不稳定的情况，要么审美伦理文化在生产及运营上极不规范，各种问题频发；另一方面，丝绸之路沿线各国的保障机制也并不完善。种种情况增加了实施这一工作的不稳定性。因此，必须进行国际合作，从资金、法律、制度等层面提供保障，着力营造一个良好的、规范的中外丝绸之路审美伦理文化互通环境。

结　语　走向5G时代的创意经济

本书的关键词是创意产业、创意经济、文化科技、思维逻辑和创新实践。

世界已进入5G技术的全球竞争新时代，我们面对的是全球各国的激烈比拼。从1G到5G，领军者转换了数次。5G时代，美国研究机构认定中国在这一技术的竞争中处于领先地位。中国5G建设在超前预判、顶层设计与实践操作上实现了弯道超车。迅速意识到这个问题后，美国围追堵截华为和中国其他高科技企业，并拨付巨量资金大力赶超。追兵凶猛，我们不得不奋力前行，向顶点冲刺。

5G高科技的多种数字化技术对于世界，特别是我国文化创意产业有重要影响。在数字创意设计、数字影视、网络直播、移动短视频、云游戏、数字全媒体、数字艺术、智慧旅游、智慧文博、智慧非遗等方面，互联网、移动网等高新科技创造出了大量新思路、新举措、新形式与新业态。这是我国文化创意产业升级换代走向高质量发展，迎接全球新格局的重要机遇，也是中国创意人开始从跟跑战略向领跑战略转变的历史时刻。这里既存在着走老路保险，创新不易，还是韬光养晦为好的意见；也有铁心开拓，不走老路，厚积薄发，勇上潮头的创新者，如华为。

建设创新型国家是我国的既定方针。这需要长期的学习型社会的基础，也需要领导者兼顾大多数人的利益，而不是某个利益集团。就创新型国家的核心产业来说，文化创意产业是其重要组成部分，是支柱产业。建设创新型国家需要"两轮驱动、两翼齐飞"。

近年来，创意的概念进一步发展。人们对创造性的日益关注，是对信息经济时代创新步伐日益加快的回应。文化作为一种资本已经在新经济中创造财富并在急剧变化的时期满足着人们的各种需要。面对信息经济的全球化与网络空间的国际化，各国都从国家发展战略的角度对文化这个概念进行全新的定位和评价。

实际上，今天的文化创意产品与其他物质性产品在性质和形态上是全然不同的。文化（文学、艺术、设计等）创意产品具有使用的多次性，尤其是精神产品的享用具有无穷性，而且越是使用，其价值就越高；使用得越多，其增值速度也就越快。而物质性产品则会因使用和消费而消耗，其价值是递减的，最典型的例证便是那些一次性消费的产品。一栋房产，作为物质性产品在使用中会逐渐破损直至废弃，其价值会随使用性减弱渐趋于零；而艺术性精神产品（如某些书画）则具有精神享用的无穷性，其价值反而随着时间的延续而递增。

在全球化的网络时代，经济和社会的中心问题将越来越倾向于怎样激励革新，怎样将一个文化创意理念的独创性转变为文化生产力，转变为可持续发展的经济实践，这就对各国各级政府提出了理念认识、政策制定、总体策划和具体部署等不同层面的要求。政府需要对文化、科技、网络等进行高层次的全面改革和整合治理。

一些固守或挪用传统经济学分类和统计理念的人，忽略了当代世界创新创意的核心动力和产业跨越融合的大趋势。须知，20世纪以来，世界上80%—90%的发展成果都是在"交叉边界"的跨越式作业中完成的。

与"互联网+"和创客空间相应的是"文化+"。文化是创意产业、创意经济最根本、最长远的历史底蕴。

本书秉持辩证逻辑和历史逻辑相统一的原则，随时间序列，梳理了5G时代的文创产业从互联网思维—新技术形态—大数据（数客）—5G技术融合—头部经济引领（粤港澳大湾区）的发展路线。

跨界思维更是在实践中受到关注。牛顿时代开始的科技、工业由日益精细地分门别类，走向了"合"的时代和"跨"的时代。历史和学术研究的事实告诉我们，20世纪后半叶以来，人类大部分科技文明的创造和创新，都是在跨界和融会中完成的。当代创意经济就是在这种跨越思维中发展起来的。"它需要跳出传统模式，用多学科模式处理经济、文化与技术的边界……正是因其具有多学科的结构，创意经济为发展中国家提供了一种可行性方案，成为结果导向型发展战略的一部分，并要求采取有效的跨领域机制和采取创新的部门间政策行动。"[1]

5G 的发展在改变世界，5G 技术的融合推动了头部经济的引领。

2019 年，中共中央、国务院印发《粤港澳大湾区发展规划纲要》，是中华民族伟大复兴的重要组成部分，也是新时代面向未来再创新境界的中国梦的组成部分。这是一次艰巨的新挑战，是对世界做出更大贡献的百年大计。

本书的研究是一次跨界思维、整体思维的应用型实践尝试。希望本书给读者以理论的、思维的、实践的启迪。

---

[1] 联合国贸发会议（UNCTAD）主编《创意经济报告 2010》，中国社会科学院文化研究中心译，三辰影库印象出版社，2008，第 3 页。